COLLEGIO DELLE OSTETRICHE

della Provincia di Livorno

Piazza Benamozegh 17 - 57123 LI

Fax 0586 213795

Tel 0586 211740

E-mail collegioostetrichelivorno@postecert.it

Cod. Fisc. 80002140491

.

PROT. 118

Questo Collegio ha valutato l'iniziativa della Dr PIERINI SILVIA e della Dr BONISTALLI ROSSELLA, abbiamo inoltre constatato come sono stati toccati alcuni punti, psicologici e pratici, in un arco di tempo che va dalla nascita al 1° anno di vita, importantissimo per gettare le basi per l'apprendimento del bambino, in quel momento, e per il futuro.

Riteniamo che questo libro possa veramente essere utile ai neo-genitori.

Siamo quindi felici di dare il patrocinio del Collegio delle Ostetriche della Provincia di Livorno, con i nostri migliori auguri.

La presidente

ed il consiglio tutto

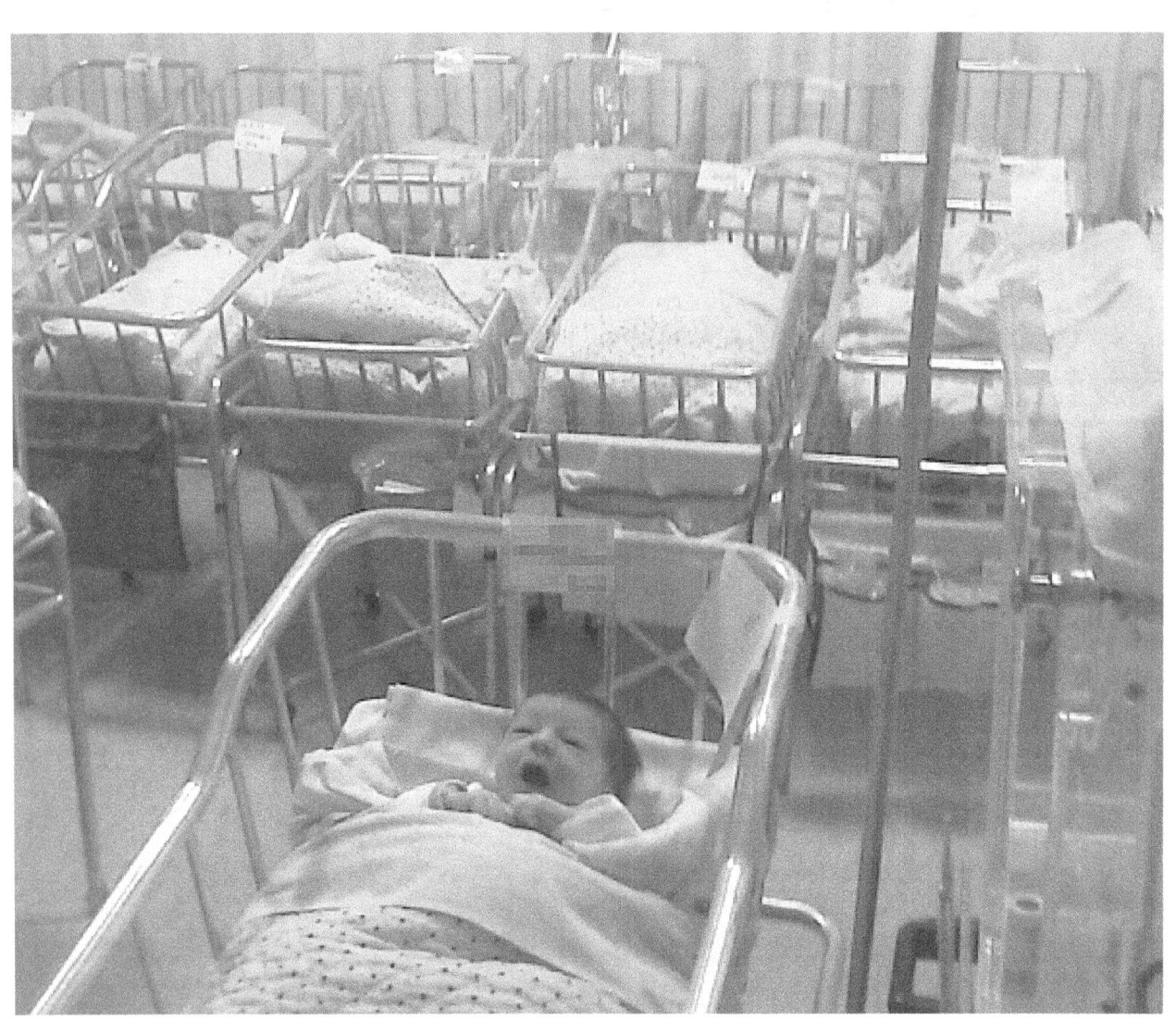

E' nato e ora?

(l'altra faccia dell'amore)

AI NOSTRI FIGLI

ALICE, LEANDRO, LENNY, SEBASTIANO E SIMONE

CHE CORRONO NEL MONDO RAGGIUNGENDO TRAGUARDI...

E' nato e ora?

(l'altra faccia dell'amore)

Indice

Ci teniamo a precisare che nel testo ci riferiamo con il termine bambino sia al bambino che alla bambina senza discriminazione di sorta.

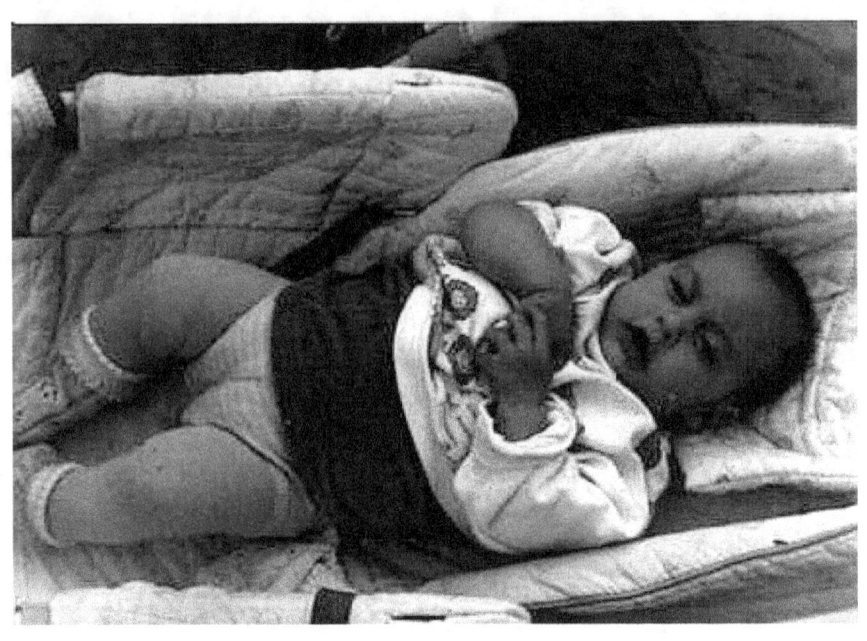

INTRODUZIONE

Questo libro è una guida sulla gravidanza e il parto che vuole essere il più possibile esaustiva trattando l'argomento da più lati: sanitario, psicologico, sociale.

Una guida quindi, il più possibile completa. Essere madri nell'attuale società presenta peculiarità estranee al passato.

Le donne di oggi emancipate e libere sembrano in qualche modo aver "dimenticato" il loro ruolo biologico; la maternità sempre più ritardata nel tempo le trova impreparate poiché difficilmente supportata da esperienze con bambini.

I ritmi della società "liquida" così come definita da Bauman rendono difficile l'adattamento alla lentezza e alla ripetitività richieste nel periodo prima e subito dopo una nascita, periodo in cui il tempo assume una connotazione in evidente contrasto con il tempo di una coppia senza figli o di una giovane donna single.

Il bambino immaginario, patrimonio della psicoanalisi, gioca un ruolo importantissimo nella psiche materna, il bambino reale irrompe con forza nella vita della madre richiamandola ad un principio di realtà che la mette a dura prova per i ritmi alterati e le difficoltà organizzative.

Anche la coppia ne risente, destabilizzandosi nel profondo ed è costretta a cercare un nuovo equilibrio.

Molti i consigli, i luoghi comuni, i pareri che madre e padre ricevono, quello che serve è però un insieme di pareri "esperti" e "puntuali" per traghettare i neo genitori nella nuova esperienza.

Il libro fornisce bibliografie, siti e indirizzi utili per ogni aspetto riguardante l'esperienza, dalle analisi da fare in gravidanza, ai centri cui rivolgersi, a come e dove partorire, ai modi di impostare i corsi pre parto a dove rivolgersi per la donazione del cordone ombellicale e della placenta ed offre un aiuto nel primo momento di accudimento del bambino senza tralasciare eventuali problematiche come la depressione dopo il parto spiegandone i motivi psicologici e fornendo indirizzi a cui rivolgersi per non restare sole nel caso in cui questa superi l'intensità del baby blues.

Il volume esamina il rapporto di coppia, la sua destabilizzazione e la necessità per i partner di rimanere coppia, ma non si esaurisce qui poiché considera anche le principali tappe della vita del bambino, dai primi mesi ai tre anni sia dal punto di vista della crescita fisica che psicologica consci che il periodo di "adattamento" di una nuova famiglia si estenda fino al termine dei primi tre anni, momento in cui si raggiunge finalmente un nuovo equilibrio dovuto anche al fatto di aver superato le fasi critiche dello sviluppo del bambino.

A tre anni infatti i ritmi sonno veglia sono perlopiù stabilizzati, è superata anche la fase del "no" che mette tutti gli adulti a dura prova e il bambino con il suo ingresso alla scuola d'infanzia diviene in parte indipendente dalla figura materna che a sua volta riscopre una parte della sua "libertà" aggiustandosi infine in un rapporto di coppia messo a dura prova nel corso dei primi tre anni di vita del bambino trovando in esso un nuovo e più maturo equilibrio.

Il volume intende affrontare le problematiche suesposte con un linguaggio non specialistico bensì chiaro e divulgativo senza tralasciare le informazioni scientifiche ritenute indispensabili dalle autrici, presentandosi come manuale fruibile e di immediata consultazione per tutte le donne che può essere letto per intero o semplicemente consultato al momento del bisogno.

IL PROGETTO

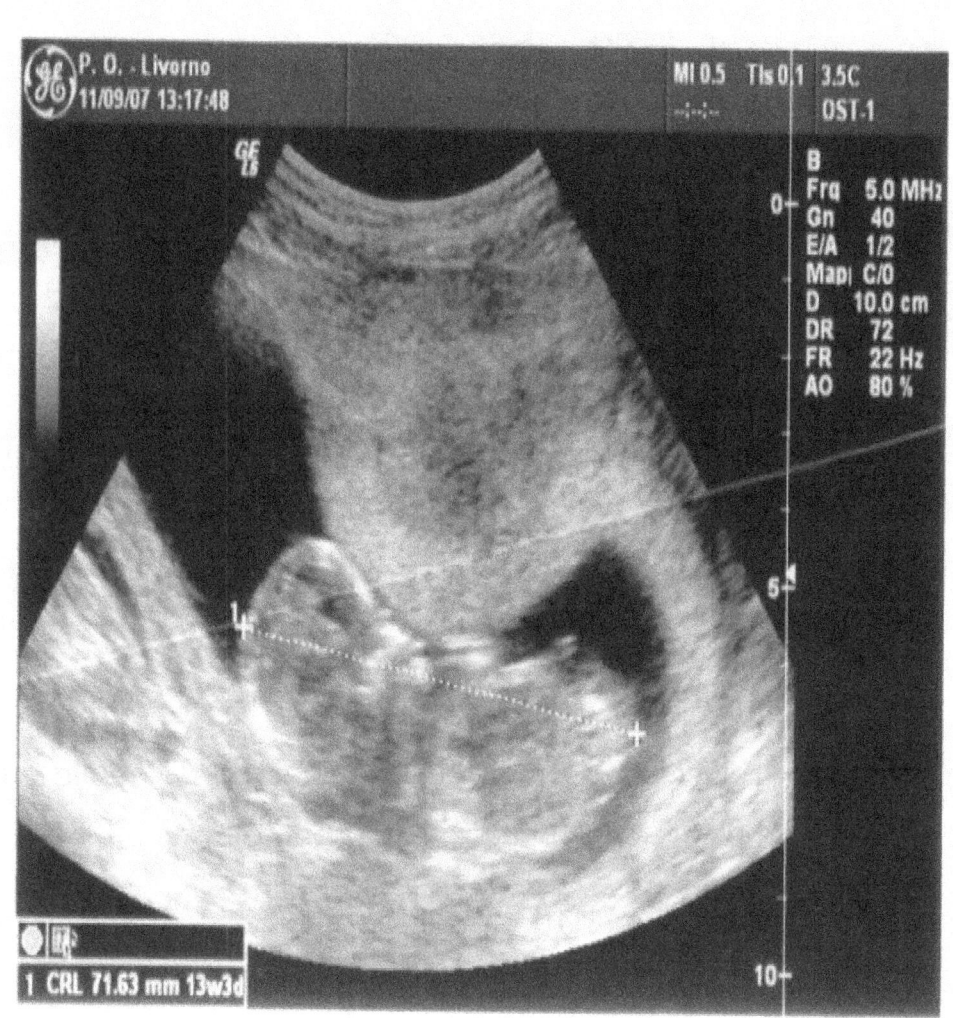

Ecografia 2008

Per poter parlare di attesa, parto e maternità occorre riappropriarsi dell'antico sapere delle donne, abbandonando false credenze, termini altisonanti e porsi domande ingenue, quasi infantili nella loro spontaneità.

Questo libro vuol significare proprio questo, nell'ingenuità delle domande e delle risposte vuol ritrovare un sapere antico, tutto femminile, tramandato non attraverso tomi e trattati ma tramite la voce delle donne stesse.

Far parlare il silenzio sopra il rumore e cogliere l'essenza prassica della maternità, non quella narrata da medici o esperti bensì quella quotidiana vissuta dalle donne in prima persona e dai loro bambini, quelli veri.

Ogni storia inizia con un progetto, si decide oppure ci si trova all'interno di una novità che cambia la vita ed il modo stesso di pensarla.

Ci sono donne sole in questo progetto e ci sono donne coccolate, ci sono donne deboli e donne forti, ci sono donne spaventate e donne coraggiose, ci sono insomma donne vere, reali e pertanto ci sono domande che all'apparenza possono anche apparire banali proprio perché sono domande vere, legate al quotidiano.

Quando nasce il progetto di una nuova vita, tutto cambia per una donna compreso il modo di sentire il rapporto con gli altri e con il mondo intero.

A lungo le donne si sono identificate nello stereotipo di un lungo e doloroso travaglio come dimostrazione di spiritualità e di abnegazione materna.

Le moderne tecniche permettono oggi di vivere l'esperienza del parto annullando quasi completamente il dolore e superando la maledizione biblica del partorirai con dolore!

Ma ancora le donne vivono l'esperienza come qualcosa che va aldilà di se stesse.

Molte giovani donne raccontano di aver vissuto la gravidanza come se non fossero state incinte e che dopo il parto desiderano tornare subito al lavoro perché si annoiano a casa con il bambino.

In tal modo esperienze così importanti per la propria vita scivolano via senza essere vissute ed interiorizzate, senza darsi il tempo di viverle ed elaborarle com'è giusto che sia, riconoscendo questo periodo come del tutto speciale nella vita di una donna.

E' proprio in questo periodo che l'inconscio rielabora il passato ed i rapporti avuti con i propri genitori.

Il parto viene lasciato fuori dall'esperienza della gravidanza, medicalizzato, sterilizzato; il bambino sembra essere qualcosa che la donna si trova ad avere grazie alla perizia dei medici infatti, il suo corpo per tutto il tempo è stato inerte strumento nelle mani altrui.

Se il parto rappresentasse il trionfo della maternità, il vissuto malinconico che quasi sempre lo segue non avrebbe ragione d'essere.

Il senso di lutto che segue il periodo post partum rinvia al sentimento di perdita per l'immagine di un bambino fantastico che la donna si è fatta fin dall'infanzia, immagine che deve essere abbandonata per lasciar posto a quella del bambino reale .

Il sogno del bambino ideale si dissolve non senza lasciare un sentimento di lutto e solo il tempo farà sì che il neonato reale prenda il posto di quello immaginato e convogli su di sé l'amore materno.

Questo passaggio fa sì che il bambino non sia più vissuto come un prolungamento della madre ma come altro da sé.

Divenire madre non è un processo scontato, automatico, madre si diventa a poco a poco, elaborando in prima persona il periodo che va dal desiderio di esser madre, alla gravidanza, al parto, all'inizio della vita con il bambino, ai cambiamenti nel rapporto con il proprio partner.

La notizia ad amici e parenti del concepimento viene in genere differita di tre mesi, l'aumento dell'età materna per la prima gravidanza ed altri fattori predisponenti fanno sì che sempre più spesso si presenti la possibilità di un'interruzione di gravidanza nei primi mesi dovuta a cause naturali.

Si tratta di un evento possibile e doloroso e probabilmente non aver parlato con nessuno della gravidanza aiuta la coppia a meglio elaborare il lutto che ne consegue.

La gravidanza inizia quindi nel ventre materno al riparo della vista e nel silenzio esterno, all'interno della coppia che così si prepara all'evento che li cambierà la vita.

Quando la gravidanza viene condivisa nel sociale il ventre ha acquistato forza e il frutto del concepimento è cresciuto superando il periodo critico, la coppia può così aprirsi alla narrazione dell'evento.

Il bambino prende realtà anche nella quotidianità.

Aborto spontaneo(da una ricerca su Internet)

L'aborto spontaneo è molto più frequente di quanto comunemente si ritenga: i più recenti studi indicano che circa un terzo delle gravidanze termina con un aborto spontaneo.

In particolare, Lohstroh, Overstreet, e Stewart hanno rilevato che la somma degli aborti spontanei precoci, che avvengono prima della sesta settimana dall'ultima mestruazione, e degli aborti spontanei successivi alla sesta settimana, fornisce una percentuale totale di aborti spontanei del 35,5% su 100 fecondazioni rilevate.

Altre ricerche confermano il fatto che il livello percentuale di abortività spontanea delle gravidanze, rilevate mediante i livelli ematici di hCG (gonadotropina corionica umana, ormone prodotto in gravidanza), oscilla tra il 31% e il 35,%[1].

Il periodo a maggior rischio è il primo trimestre.

Si parla di probabilità, di stima epidemiologica, visto che molte interruzioni spontanee di gravidanza passano inosservate, senza che assumano una dignità clinica.

L'aborto ripetuto (due casi di aborto) interessa il 3% delle coppie che cercano di avere figli. L'1% delle coppie ha avuto almeno tre casi di aborto consecutivi (aborto ricorrente).

Nel 12% dei casi clinicamente riconosciuti la madre ha meno di 20 anni, nel 26% più di quaranta.

E' ovvio che la neo mamma e il neo papà non devono pensare all'aborto con ansia e paura ma è altrettanto vero che negare che esistono anche esperienze spiacevoli non aiuta a superarle.

La gravidanza va sì vissuta il più serenamente possibile ma anche consci dell'importanza che essa riveste per la salute della donna, della coppia e del nascituro.

CAP.II

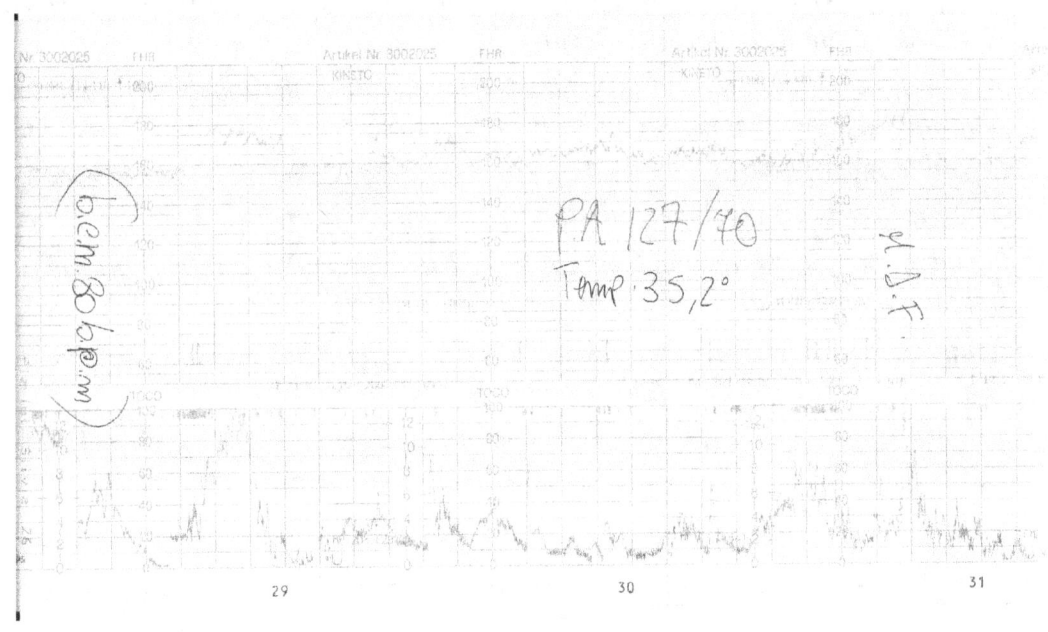

L'attesa

(analisi,letture consigliate, corsi prima del parto,preparazione, siti internet...)

Certe luci non puoi spegnerle

"urlando contro il cielo"

(Ligabue)

L'attesa sarà lunga e durante tutto il periodo, dei " nove mesi" (anche se non è detto che siano tutti e nove), avrete gli occhi puntati proprio su quella pancia che cresce settimana dopo settimana e mese dopo mese.

Dicono tutti che "Sarà un periodo idilliaco e sarete al centro di tutte le attenzioni del mondo – almeno si spera! Vi sentirete al settimo cielo e sarà un momento che vi accompagnerà tutta la vita".

E la vita certo che vi cambierà, soprattutto se siete magari poco più che trentenni, abituati ad uscire all'ora x per una discoteca o modaioli nell'ora dell'aperitivo.

A questa fascia di età, sappiate che la vostra vita non sarà più la stessa. E non tornerà almeno durante i primi anni di vita di vostro figlio.

La vita cambierà già dalla prima visita ginecologica quando durante l'ecografia i battiti del cuore suoneranno all'unisono.

Parte da quel momento il conto alla rovescia. Avrete il tempo per pensare, per riposare e rilassarvi, per fare "tutto l'impossibile" , per valutare e comprare l'occorrente e soprattutto per leggere.

Qualche consiglio utile?

Camminare tanto per rimanere in forma, seguire una corretta alimentazione, ascoltare buona musica e mettere tra gli scaffali della vostra libreria qualche titolo interessante.

E qui citiamo:

" A piccoli passi- la psicologia dei bambini dall'attesa ai cinque anni" Silvia Vegetti Finzi con Anna Maria Battistin- psicologia Oscar Mondadori.

"Le madri non sbagliano mai" Giovanni Bollea –saggi Universale Economica Feltrinelli.

Il classico di sempre da leggere e da tenere a portata di mano proprio perché sarà fondamentale dormire fin dai primi giorni al rientro a casa è il « benedetto libro- bibbia per neogenitori!»:

"Fate la nanna" il semplice metodo che vi insegna a risolvere per sempre l'insonnia del vostro bambino" (Eduard Estivill – Sylvia de Bèjar).

"Secondo le statistiche, nel mondo occidentale oltre una persona su tre soffre d'insonnia. Questo fenomeno, tanto diffuso da assumere le caratteristiche di un vero e proprio problema sociale, è dovuto solo in parte allo stress della vita quotidiana: recenti ricerche hanno infatti dimostrato che le turbe del sonno derivano principalmente da errate abitudini contratte nei primi anni- e talvolta nei primi mesi- di vita.

Per questo è essenziale che il bambino impari (o reimpari) subito a dormire; sì perché il sonno si insegna . Il libro svela ai genitori le semplici tecniche per conseguire l'obbiettivo...".

Tra i classici della psicologia infantile: "Un genitore quasi perfetto" – Bruno Bettelheim – saggi Universale Economica Feltrinelli.

"Non bisogna cercare di essere genitori perfetti o, tantomeno aspettarsi che perfetti siano i figli. Il segreto dice Bruno Bettelheim – sarà nell'essere un genitore quasi perfetto, cercare di comprendere le ragioni dei propri figli, mettersi nei loro panni costruire con loro un profondo e duraturo rapporto di comunicazione affettiva ed emotiva".

Attraverso un dialogo serrato e uno scambio vivacissimo di domande e risposte posti dal pubblico che partecipa a un programma radiofonico condotto da Jaques Pradel, in: Francoise Dolto "Come allevare un bambino felice e farne un adulto maturo" – prefazione Silvia Vegetti Finzi- si troveranno tante esperienze comuni e risposte precise.

"Molti adulti ritengono che per far crescere sereni i bambini basti semplicemente avere con loro un rapporto naturale e spontaneo. Solo

quando le difficoltà relazionali arrivano a creare delle vere e propie turbe del comportamento infantile si rivolgono agli esperti. Francoise Dolto mostra come sia meglio assumere un atteggiamento di ascolto con i minori soprattutto dando la parola ai bambini e cercando di tradurre gli stati d'animo in dialogo dove per dialogo non si intende un discorso quanto un orientamento profondo fatto di disponibilità e comprensione. Solo in questo modo il bambino viene educato e non ammaestrato".

Una guida in 100 punti per crescere figli sereni, equilibrati e sicuri di sé: "Le regole per i genitori"- Richard Templar-Avallardi.

"Le regole per i genitori sono una serie di principi e comportamenti preziosi, per muoversi tra le sfide tipiche del rapporto genitore- figli con tenacia, buonsenso e rispetto. Perché l'amore non basta.

E seguendo "le regole" per i genitori imparerete a :

mantenere la calma e mascherare ansie e paure; vedere le cose anche dal punto di vista dei figli; stabilire i limiti e controllare gli umori ; individuare e valorizzare le qualità dei vostri ragazzi; seguire con discrezione e tatto la loro vita sociale scuola, amicizie; gestire le interazioni fra fratelli; affrontare l'adolescenza e i momenti di crisi in famiglia; incoraggiare sempre i ragazzi, nonostante tutto; evitare inutili sensi di colpa (in fondo anche voi siete esseri umani); ricordare che sarete genitori per sempre".

IL TRAINING AUTOGENO IN GRAVIDANZA

In gravidanza uno dei metodi più utili che può essere adottato efficacemente per mantenere un equilibrio ed una serenità emotiva sia per la futura mamma che per il bambino è indubbiamente quello del Training Autogeno.

Esistono numerose metodologie per l'assistenza al parto il cui comune denominatore è l'uso di tecniche di rilassamento e di autogestione degli aspetti psicologici e fisici che in gravidanza possono essere fonti di stress e che possono aiutare al momento del parto.

Uno dei più noti approcci sviluppati nei paesi anglosassoni è quello definito "metodo Read", strutturato da Grently Dick Read ed è centrato tutto sull'educazione e sulla riacquisizione di una prospettiva più naturale nei confronti del parto.

Egli infatti sosteneva che spesso le problematiche di paura, rifiuto o dolore che accompagnano la gravidanza in molte donne, e che alimentano fastidiosi disturbi psicosomatici sono frutto di un' educazione disadattiva alla gestazione, prodotta dai racconti tramandati di generazione in generazione.

Per queste ragioni, la paura viene amplificata aumentando proporzionalmente il dolore al momento del parto.

Il suo metodo tende ad utilizzare dei mezzi psicologici di suggestione per il rilassamento che mirano a migliorare la tolleranza al dolore, insegnando a riconoscere nel corpo i segnali associati ad ansia e paura, quali posture ricche di tensione, cattiva respirazione e contrazioni nei muscoli.

Un altro metodo per la preparazione al parto che ha come obiettivo il controllo del dolore, è quello sovietico-francese che si fonda sul concetto di apprendimento di Ivan Pavlov e sul meccanismo del riflesso condizionato che sono stati applicati al parto, prima da diversi autori sovietici e poi dal francese Lamaze (1956).

L'ipotesi è che la donna, a causa dell' idea comune del parto con dolore, finisca per creare all'atto del parto un binomio "contrazione-dolore" che diventa un riflesso condizionato.

Il metodo R.A.T. sviluppa una procedura tendente a generare una sensazione di rilassamento nella gestante.

Il R.A.T. comprende sette esercizi che integrano tecniche respiratorie, esercizi di rilassamento progressivo e tecniche immaginative.

I sette esercizi vengono generalmente appresi a partire dal 4° mese e, dopo il primo ciclo, si continua simulando le fasi del travaglio in modo che ogni gestante possa immedesimarsi nel respiro autogeno, ascoltando il rilassamento muscolare che ne consegue, secondo dei ritmi tipici del parto.

Riferimenti bibliografici

- Sbriglio V.S., 1980, Psicoprofilassi autogena della maternità. Guida sinottica per le gestanti dei corsi di preparazione al parto con il "training autogeno" di J.H. Shultz, Cortina, Torino.
- Lamaze F., 1956, Il parto senza dolore mediante metodo psicoprofilattico, Enciclopedia Medica Chirurgica francese.
- Balaskas J., 1983, Manuale del parto attivo: gli esercizi per arrivare al parto con la sicurezza e le energie necessarie, Red.
- Piscicelli U., 1991, Training Autogeno Respiratorio e psicoprofilassi ostetrica, Piccin.
- Read D.G., 1944, Childbirth without fear, Harper, N.Y.

Disturbi in gravidanza ed eventuali rimedi

Ecco ci siamo, finalmente non avete dubbi: siete incinta.

Quali sono i disturbi?

1)- **Le nausee.** Per combatterle, cercate di bere durante i pasti acqua gassata, mangiate più volte, fate piccoli spuntini durante la giornata, evitare cibi pesanti e difficili da digerire, non bere caffè e non mangiate fritti.

2)- **I bruciori di stomaco.** Evitate aceto, grassi, cibi di difficile digestione, cercate di non bere durante i pasti.

3)-**La stitichezza.** Camminate circa trenta minuti al giorno, mangiate verdura fresca, frutta, prugne ma anche il pane integrale.

4)-**Stimolo ad urinare.** Per evitare di alzarvi spesso durante l'arco della notte, nel caso cercate di non bere troppo la sera.

5)-I crampi. Chiedete consiglio al medico per eventuali medicine a base di vitamine b1, b6 e b12.

6) Il corpo che cambia: il capezzolo s'ingrossa e si scurisce e sull'areola si sviluppano delle piccole protuberanze, "tubercoli di Montgommery". Aumenta la pelosità. Possono aumentare i peli del pube e svilupparsi lungo una linea mediana che risale verso l'ombelico.
Questi peli cadranno dopo il parto!

Siamo entrati in rete e tra i siti internet utili possiamo suggerire diversi indirizzi e tra questi:

www.mamma.it

http://quimamme.leiweb.it

gravidanza.doctissimo.it

 www.pianetamamma.it/

www.mammaepapa.it

www.gravidanzaonline.it

www.vitadidonna.it

www.noimamme.it

www.ilmiobaby.com

www.partoinacqua.it/

www.epidurale.it

....Finalmente inizia il conto alla rovescia per calcolare la nascita di vostro figlio o figlia che sia? Allora vediamo nel dettaglio gli esami di routine, da eseguire per essere sempre tranquilla.

Gli esami

Il tampone vaginale- L'ecografia-L'ecografia morfologica- La villocentesiL'amniocentesi- La velocimetria Doppler- Il dosaggio dell'Alfafetoproteina- Il tritest o triplo test- Il monitoraggio del battito cardiaco fetale- L'amnioscopia- La funicolo centesi-La fetoscopia- Gli esami del sangue- L' esame delle urine. Un esame da eventualmente effettuare è il quinto leiden che identifica il gene della trombosi che se presente nella donna porta ad una probabilità piuttosto elevata di aborto o di parto prematuro.

La figura del ginecologo- Fondamentale è che il tuo ginecologo ti segua per tutta la durata della gravidanza, lo specialista deve essere una persona che deve dare fiducia e ricordati sempre che è tuo diritto essere informata dell'evoluzione dello stato della gravidanza.

Totale delle visite, in genere una al mese, a scadenza fissa. Fondamentale: non farsi prendere dall'ansia, la gravidanza è un evento naturale e come tale va vissuto bene.

L'ecografia: durante la gravidanza si effettuano in genere 3 ecografie.

La prima viene effettuata verso l'ottava settimana e permette di confermare la gravidanza, di determinare la posizione dell'embrione e di precisare quanti embrioni ci sono. Misura l'embrione e visualizza il suo cuore, permette di datarlo con precisione e quindi di calcolare il momento teorico del termine della gravidanza.

La seconda ecografia è detta anche "morfologica". Si effettua verso la ventesima settimana di gestazione. E' un'ecografia molto accurata, si misura la lunghezza del femore del feto, il torace, il cranio, i reni, da qui si possono stabilire le misure che avrà il bimbo alla nascita.

La terza ecografia viene realizzata nell'ultimo mese di gravidanza per confermare l'assenza di anomalie morfologiche e precisare la biometria fetale.

Il peso in gravidanza: per una donna incinta, è meglio essere magra che obesa. Tutti gli studi sono concordi nell'affermare che l'obesità costituisce un elemento sfavorevole sia per la madre che per il piccolo.

L'alimentazione: durante la gravidanza ogni donna dovrebbe prendere un certo numero di chili che mediamente viene indicato con un aumento di peso che oscilla dai 9 ai 13 chili.

Ovviamente se una donna, al momento del concepimento, si trova sottopeso dovrebbe aumentare un paio di chili in più rispetto a quelli indicati.

Lo stesso vale per chi, si trova in sovrappeso. In questo caso, l'aumento di peso dovrebbe essere contenuto entro i 9 chili.

Per dieta, si intende un corretto ed equilibrato regime alimentare che tenga conto di apportare tutte le sostanze necessarie alla mamma ed al suo bambino.

Mangiare bene è molto importante e diminuisce il rischio di alcune complicanze e limita inoltre anche altri effetti legati alla gravidanza.

Qualche consiglio utile per tutte le donne in dolce attesa?

Dovrebbero evitare il consumo o comunque limitarlo di sostanze alcoliche, caffeina, bevande gassate, dolci in generale, cibi a base di uova crude, pesce crudo e frutti di mare in genere, carne cruda o poco cotta.

Importante anche limitare l'uso del sale nella preparazione dei cibi, del resto è un buon consiglio da seguire sempre.

Ma non è tutto. Occorre ricordarsi di bere tanto perché quasi due litri di liquidi al giorno sarebbe l'apporto ideale.

L'acqua è la migliore fonte di liquidi ma si può raggiungere la quantità di consigliata attraverso l'assunzione di tisane, brodi e passati di verdura, latte e succhi di frutta.

Non tutti sanno cosa serve per la clinica. E allora prepariamo la valigia...(un mese prima circa..)

Per il bebè:

- quattro tutine in cotone o spugna di cotone a mezze maniche o a maniche lunghe, a seconda della stagione
- quattro magliette in cotone con mutandine o body
- (molti ospedali consigliano di mettere i cambi in bustine separate con tanto di nome della madre e possibilmente anche il numero della stanza).

Per la mamma:

- T-shirt rigorosamente bianche o camice da notte con maniche larghe per il parto e apribili anteriormente fino alla vita per poter allattare
- pantofole comode
- vestaglia
- confezione di assorbenti grandi
- confezione di mutandine monouso
- reggiseno per allattamento (non compratene più di uno subito perchè la crescita del seno durante la montata lattea è imprevedibile!)
- il cambio per quando si uscirà perché il marito non trova mai niente nell'armadio.
- qualcosa da leggere o da ascoltare con le musiche preferite
- detergente intimo neutro
- foglio e penna per appuntare sensazioni da ricordare.

I documenti per il ricovero

- la tessera sanitaria
- la carta d'identità

- la scheda del vostro medico
- il cartellino del gruppo sanguigno
- importante: la documentazione degli esami o delle visite specialistiche effettuate durante la gravidanza.

L'occorrente - la lista "Quasi perfetta!"..
(perché ricordate che a secondo delle diverse esigenze e abitudini, perfetta non sarà mai!)

Oltre ai vestiti e ai pannolini, ci sono anche altri articoli che devono essere pronti prima della nascita.
Un lettino o una culla dove far dormire il bambino.

Quanto serve per il letto: copertine leggere e lenzuolini.
Una carrozzina o un passeggino per portare in giro il bebè, un marsupio con il sostegno per la testa.
Un seggiolino per auto

Sicuramente vi sarà molto utile uno sterilizzatore e diverse misure di biberon (qualcosa anche in vetro!).

Mobili e accessori:
- Culla, carrozzina o lettino con riduttore

- il proteggi materasso;
- alcune copertine;
- i lenzuoli (se si usa la culla, saranno sufficienti delle federe per cuscini);
- Fasciatoio con materassino;
- Vaschetta da bagno e riduzione per neonati;

Il di più... cosa può far comodo!

- L'Angel care: per dormire sonni tranquilli;
- La sdraietta, utile sin dal terzo mese

- Il marsupio (non tutti lo amano, ma può risultare utile dal primo mese di vita a sei mesi. In alternativa, può essere sostituito dalla fascia).

Vestiti: tanti bavaglini (non sono mai abbastanza!)

- circa dieci body intimi;
- diversi pigiamini;
- circa cinque tutine in ciniglia
- calzini

Il di più...

- Il cuscino da allattamento (se si allatta!)
- Il sacco nanna, che si usa al posto delle coperte e permette al bambino di restare sempre al caldo nonostante i movimenti

Igiene e cambio:
- pacchi pannoloni
- salviettine (confezione grande e piccola da viaggio);
- bagnoschiuma/shampoo naturali;
- olio corpo;
- spugna naturale;
- spazzola per capelli e pettine stondato;
- forbicina stondata

Ecco alcuni consigli pratici per godere pienamente dei tuoi diritti ed evitare cattive sorprese sul piano giuridico.

1) La denuncia di nascita

2) Tutela della posizione lavorativa

3) Protezione della donna incinta sul posto di lavoro

4) Astensione obbligatoria dal lavoro

5) Astensione facoltativa dal lavoro

6) Astensione dal lavoro del padre lavoratore

7) Periodi di riposo della madre lavoratrice

8) Periodi di riposo del padre lavoratore

9) <u>Normativa europea per i tempi di assenza dal lavoro per maternità</u>

13) <u>Convalida delle dimissioni della lavoratrice madre</u>

<u>Guida all'informazione sul web (siti ed indirizzi utili)</u>

<u>www.inps.it</u>

All'interno del sito si possono trovare tutte le informazioni sul sistema previdenziale e sui rapporti di lavoro durante il periodo della gravidanza.

<u>www.pariopportunita.gov.it</u>

E' il sito del Ministero delle Pari Opportunità.

<u>www.preeclampsia.it</u>

È il sito dove ci si può iscrivere all'Associazione Italiana Preeclampsia

<u>www.guidagenitori.it</u>

Medici, psicologi e professionisti della comunicazione, hanno lavorato insieme per realizzare un sito attraverso il quale condividere con facilità conoscenze professionali ed esperienze familiari.

<u>www.genitori.it</u>

Il Moige - Movimento Italiano Genitori è un' organizzazione di promozione sociale, Onlus, riconosciuta dal governo italiano e presente in 35 province, con oltre 30.000 genitori.

<u>www.gemelli.iss.it/indexHome.asp</u>

Registro nazionale gemelli

<u>www.forumfamiglie.org</u>

Il sito offre la possibilità di discussioni, confronti con forum, mailing list, sulle principali tematiche che riguardano le famiglie.

<u>www.genitoridemocratici.it</u>

È una Onlus che si occupa di iniziative internazionali rivolte ai bambini, dei problemi della scuola, di tutto quanto riguarda il mondo dell'infanzia.

www.minori.it

Supporto all'Osservatorio Nazionale per l'infanzia, il sito analizza le problematiche minorili, propone progetti pilota, mantiene e diffonde la documentazione sulla condizione minorile.

www.ispitalia.org

Un'organizzazione che promuove lo studio della paternità con particolare riguardo agli aspetti psicologico, pedagogico, sociale, biologico, storico e giuridico.

www.osservatorionazionalefamiglie.it

L'Osservatorio Nazionale sulla Famiglia si basa su una convenzione tra il Ministero del Lavoro e delle Politiche Sociali e il Comune di Bologna con funzioni di Comune Capofila.

www.ministerosalute.it

È il sito del Ministero, organo centrale del Servizio Sanitario Nazionale.

www.dica33.it

Un portale divulgativo dove trovare utili consigli sulla salute.

www.asmonlus.it

L'Associazione Italiana per lo Studio delle Malformazioni. Ha un importante servizio: consulenti rispondono al telefono dando indicazioni sui rischi legati alle malformazioni e sull'assunzione di farmaci in gravidanza e allattamento.

www.adisco.it

Associazione donatrici italiane sangue cordone ombelicale.

www.pianetamamma.it

Un sito esclusivamente per le mamme dove trovare molte informazioni utili sulla gravidanza, sul parto, sulla cura e sul benessere dopo la nascita di un figlio, su tutti gli accessori che possono servire al bambino.

www.alfemminile.com

Un sito dedicato alle donne: consigli sulla maternità, suggerimenti sulla vita di coppia.

www.mammaepapa.it

È una società nata dall'idea di un gruppo di pediatri con l'obiettivo di realizzare una risorsa utile e ricca di informazioni per la salute dei bambini nel panorama internet italiano.

CAP.III

L'ostetrica (sage femme)

Madame Boursier (ostetrica francese1500)

L'ostetrica soprannominata "sage femme", è la figura di riferimento alla quale chiedere aiuto e consiglio dal momento dell'attesa a quello del parto e del dopo parto.

La tendenza è quella di sceglersi un'ostetrica personalmente la quale non necessariamente dovrà lavorare nell'ospedale in cui partorirete.

Il suo compito sarà quello di starvi accanto con competenza e premura nei delicati passaggi di questo periodo.

Sappiate comunque che anche se non sceglierete personalmente un'ostetrica, tutte quelle che lavorano in ospedale sono competenti e preparate e vi seguiranno nel modo migliore durante il travaglio.

L'ostetrica, un tempo detta levatrice, è nata da una cultura secolare, dall'esperienza diretta delle donne basata sulla conoscenza del corpo femminile, dapprima fondata su conoscenze empiriche ed ascientifiche.

Nelle società contadine la levatrice, poiché aiutava a dare la vita, godeva di grande prestigio e veniva chiamata anche per dirimere controversie familiari.

A lei venivano confidati intimi segreti familiari. Il suo era sicuramente un mestiere importante ma con alcune vene di ambiguità infatti, era connesso anche a pratiche superstiziose.

Lo Stato unitario, con lo scopo di debellare insane pratiche, a volte adottate dalle stesse levatrici ed abbassare la mortalità delle donne per parto, ricorse alle giovani, e creò la figura di un'ostetrica istruita, fiduciosa nella medicina ed avversa alle pratiche popolari.

Il processo portò alla sostituzione della levatrice, donna di ceto basso o medio- basso, con quella dell'ostetrica scolarizzata e subordinata ai medici e ai principi igienici da questi sostenuti.

Furono quindi aperte le prime scuole di ostetricia. Le ostetriche diplomate dovettero però subire la concorrenza di quelle "non diplomate" fino al 1876 quando il regolamento Bonghi, permise alle ostriche non diplomate di superare un esame abilitante alla professione.

Successivamente, con il Governo Crispi, nel 1888 la professione fu istituzionalizzata con l'obbligo per i Comuni di stipendiare un'ostetrica e della cura gratuita per i poveri mentre le famiglie benestanti avrebbero pagato direttamente l'ostetrica.

Iniziò così l'istituzionalizzazione della pratica ostetrica ed il suo pieno riconoscimento.

L'ostetricia, ovvero "l'arte dell'attesa".

Fiore all'occhiello per la maternità e per il delicatissimo momento del parto l'ostetrica è una professionista specializzata nell'assistenza alla donna prima, durante e immediatamente dopo il parto che lavora nei consultori ed ha un ruolo molto importante perché rappresenta un punto di riferimento costante, dà il sostegno all'allattamento, segue non soltanto il parto fisiologico in autonomia, ma anche tutta la gravidanza, compreso l'accudire il bambino nei primi mesi e non solo.

Il punto forte dell'ostetrica è, oltre alla sua formazione tecnica, la sua capacità comunicativa necessaria per seguire la donna in momenti di difficoltà quali possono essere l'affrontare un travaglio.

Ne abbiamo intervistata una, Laura Nosiglia.

Quando arriva per una coppia il momento di fare un figlio?

«Quando decidi di vivere esclusivamente in funzione di un'altra persona. C'è una scuola per tutto, ma non c'è una scuola per diventare genitori, un mestiere peraltro molto difficile, perché si pretende che il genitore abbia una conoscenza di tutto. Non si è sviluppato il senso di assunzione di responsabilità».

Dall'ospedale a casa con il neonato, qualche consiglio per vivere i primi momenti ?

«La prima parola da mettere in atto è tranquillità. Considerare il neonato come una persona con le proprie esigenze di ritmo alimentare e ritmo sonno-veglia diversi da noi. Appena nati devono prendere il ritmo sonno-veglia , è una situazione fisiologica.

Occorre tener presente inoltre che hanno bisogno del contatto fisico, di essere cullati, toccati, accarezzati e va orecchiata la tonalità del pianto. Importante: sfruttare (nel senso buono della parola) l'aiuto dei parenti. Dormire quando dorme il neonato».

Suggerimenti per i papà?

«Non entrate in sala parto se non ve la sentite e se la donna non lo richiede. Deve essere una situazione spontanea. Farsi coinvolgere sempre e soprattutto nei primi momenti».

Cosa prova l'ostetrica in sala parto?

«Prima che nasca un bambino, in sala parto o in sala operatoria, ho sempre avvertito che tutti i presenti trattengono il respiro fino al momento della nascita e solo allora riprendono a respirare».

CAPIV

Il parto, esperienza unica (detti popolari, credenze e miti)

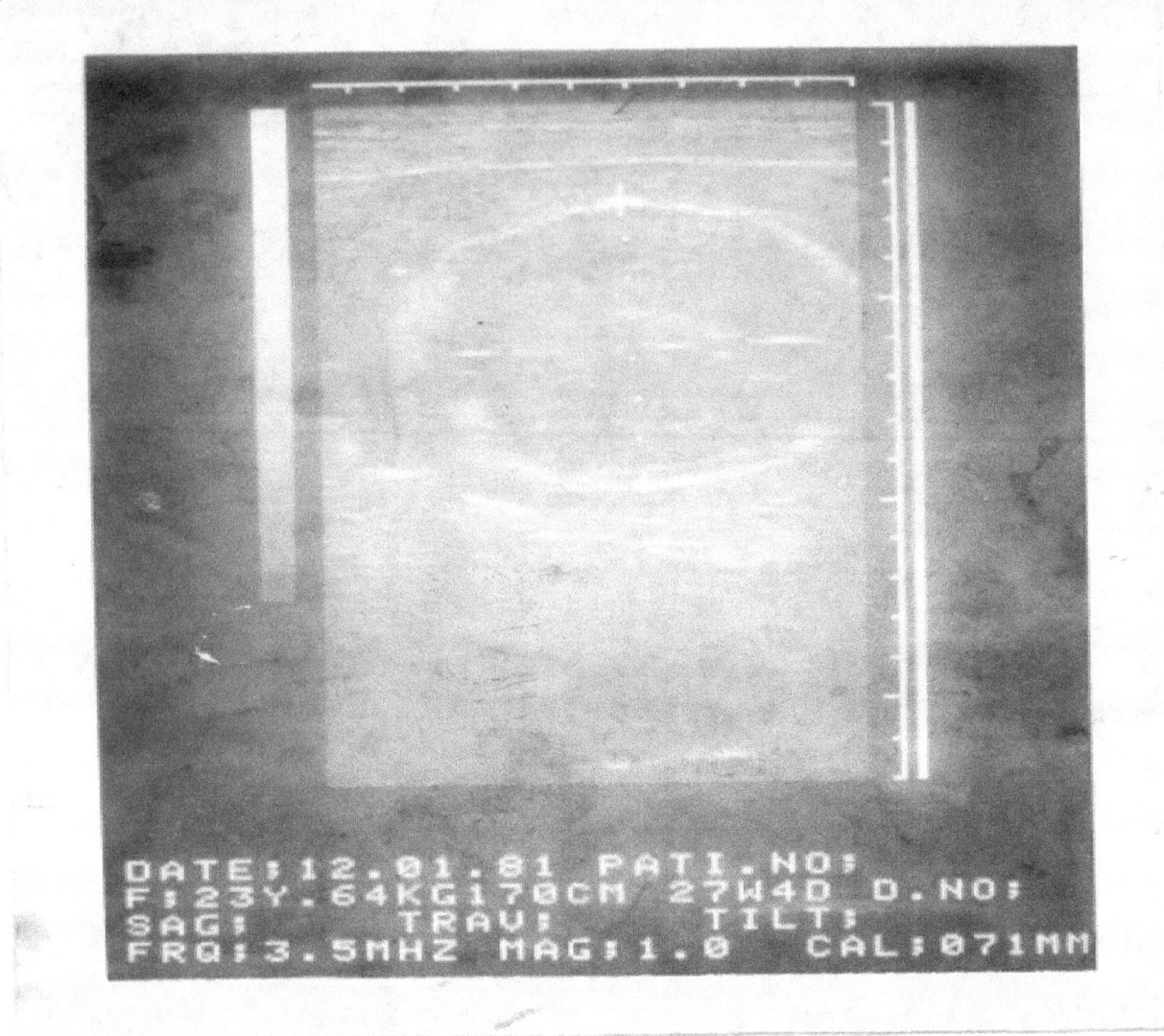

ecografia 1980

Bolli bolli pentolino,

fa la pappa al mio bambino;

la rimescola la mamma

mentre il bimbo fa la nanna;

fa la nanna gioia mia

o la pappa scappa via

Il concepimento, la gravidanza, il parto, si collocano come "misteri" nell'immaginario collettivo per questo fin da sempre sono stati fonte di detti e credenze che fino a tempi moderni hanno avuto anche il potere di influenzare il vissuto e il pensiero delle donne.

Alcuni di essi nonostante la modernità e le solide acquisizioni scientifiche, continuano ad esistere e ad avere un loro carisma.

Ne riportiamo alcuni, quelli per noi più significativi non per sfatarli, ma semplicemente per rendere onore a quella che si può definire saggezza popolare.

Detti e credenze nascono in tempi remoti per "codificare" un evento misterioso che si svolge nel buio e nelle profondità delle viscere, evocando fantasmi inconsci anche talvolta inquietanti.

Per tenerli a bada, la saggezza popolare ha utilizzato la strategia che da sempre la contraddistingue.

Questi detti sono stati solo in parte sfatati dalla razionale scienza medica, spesso addirittura l'accompagnano e stanno a significare quanto immaginario ci sia nell'esperienza della gravidanza, nove lunghi mesi durante i quali l'inconscio materno elabora sensi e significati sulla vita che nascerà, rimettendo in gioco antichi sapori, legati all'infanzia ed al rapporto con la propria madre. E' da questo sognare ad occhi aperti delle donne che nascono i detti e le credenze popolari, dolci ninne nanne che accompagnano la crescita in utero del futuro bambino.

Riportiamo alcuni detti popolari consce del fatto che essi rappresentano comunque un importante scalino nella costruzione dell'identità materna e dell'inconscio collettivo delle donne.

"Pancia a punta non va alla guerra", La pancia della donna cresce in modo diverso durante la gravidanza, si dice che se si allargano i fianchi è un maschio , mentre se la pancia è a punta è femmina. Oggi gli ecografi sono in grado di vedere molto presto il sesso del nascituro, una volta esso rimaneva celato fino alla nascita per cui era importante trovare una strategia di predizione che in qualche modo regolasse questa curiosità.

"Se ti fa male la gamba sinistra aspetti una bambina" , spesso la gravidanza è accompagnata da un'infiammazione del nervo sciatico che pare sia più frequente quando si aspetta una bambina.

"Se mangi latte avrai una bambina, se mangi carne un maschietto".Sembra che il sesso del nascituro sia legato anche alla dieta materna durante la gravidanza...chissà!...

"Sette mesi, sette facce". Questo è un detto per i neonati infatti, fin dal momento in cui ce lo mettono in braccio si cercano le somiglianze con i volti familiari e sta ad indicare che nel corso dei primi sette mesi il neonato cambia "viso" sette volte variando quindi la somiglianza.

"Bello in fascia, brutto in piazza". Chi nasce bello , sarà brutto da grande.

"Tra il sette e l'otto cresce il fagotto" indica la tendenza della pancia della gestante a crescere in modo evidente tra il settimo e l'ottavo mese.

"Se ti "brucia" lo stomaco nascerà un bambino con i capelli", per spiegare l'acidità di stomaco che accompgna spesso la gravidanza.

"Il primo figlio ha il sedere d'oro" nel senso che il primo figlio è anche quello maggiormente atteso.

"Presto dentino, presto fratellino". Se il bambino mette presto il primo dentino significa che avrà presto un fratellino.

"Chi ha il codino aspetta un fratellino" .Se l'attaccatura dei capelli alla nuca di un bambino finisce a punta (il codino), vuol dire che ce ne sarà un altro e sarà dello stesso sesso. Se invece i capelli finiscono dritti, vuol dire che non ce ne sarà un altro o che sarà di sesso diverso.

"Il sesso del nascituro da come ti guardi le mani" , se si prende alla sprovvista una gestante dicendole che ha le mani sporche, questa avrà la reazione di osservarsele immediatamente. Se le guarderà tenendo il dorso delle mani rivolto verso l'alto partorirà un maschio, se invece le girerà con i palmi all'insù avrà una femmina.

"Il colore della pelle del viso ti dice se avrai un maschio o una femmina". Quando la pelle del viso diventa scura è un maschietto, se il viso della mamma diventa bruttino è un maschietto, al contrario è femmina.

"Curiosità se aspetti una femmina": la femmina fa cadere per terra la mamma; la femmina fa la mamma molto addormentata e la manda spesso in bagno a fare pipì; se il primo figlio dice mamma per la prima volta avrà una sorellina, se dice papà avrà un fratellino.

"Da come ti pieghi per raccogliere un'oggetto si può predire il sesso del bambino". Se la gestante raccoglie un oggetto piegandosi sulle ginocchia e raccoglie l'oggetto con il braccio tenuto lungo il fianco avrà una femmina, se, diversamente, si piega a novanta gradi, raccogliendo l'oggetto davanti a sé sarà in arrivo un maschietto.

Dai movimenti del feto si può pronosticare il sesso infatti, i movimenti del feto maschio inizierebbero prima di quelli del feto femmina; la donna che aspetta un maschio ha un bel colore e la mammella destra più grossa, quella che aspetta una femmina ha un colore brutto e malaticcio e la mammella sinistra più gonfia.

Verso il secondo mese di gravidanza può comparire la "cissa" per cui la gestante è presa da disgusto per certi cibi e ne desidera fortemente altri, a volte la "cissa" dura fino al parto ma non è presente in tutte le donne ma solo in quelle che hanno abbondanza di umori.

Si può curare con un giorno di digiuno se non è possibile, con parecchi giorni di riduzione del cibo, massaggi oleosi e bevendo prima acqua e poi vino e mangiare cibi secchi ed astringenti.

Altri potremmo aggiungere e la lista potrebbe diventare anche molto lunga, ogni luogo, ogni regione, ogni paese, ha i suoi detti sull'accadimento più bello del mondo, ci fermiamo qui, con il sorriso sulle labbra di fronte alla voce popolare specchio di un inconscio collettivo che accomuna l'umanità intera.

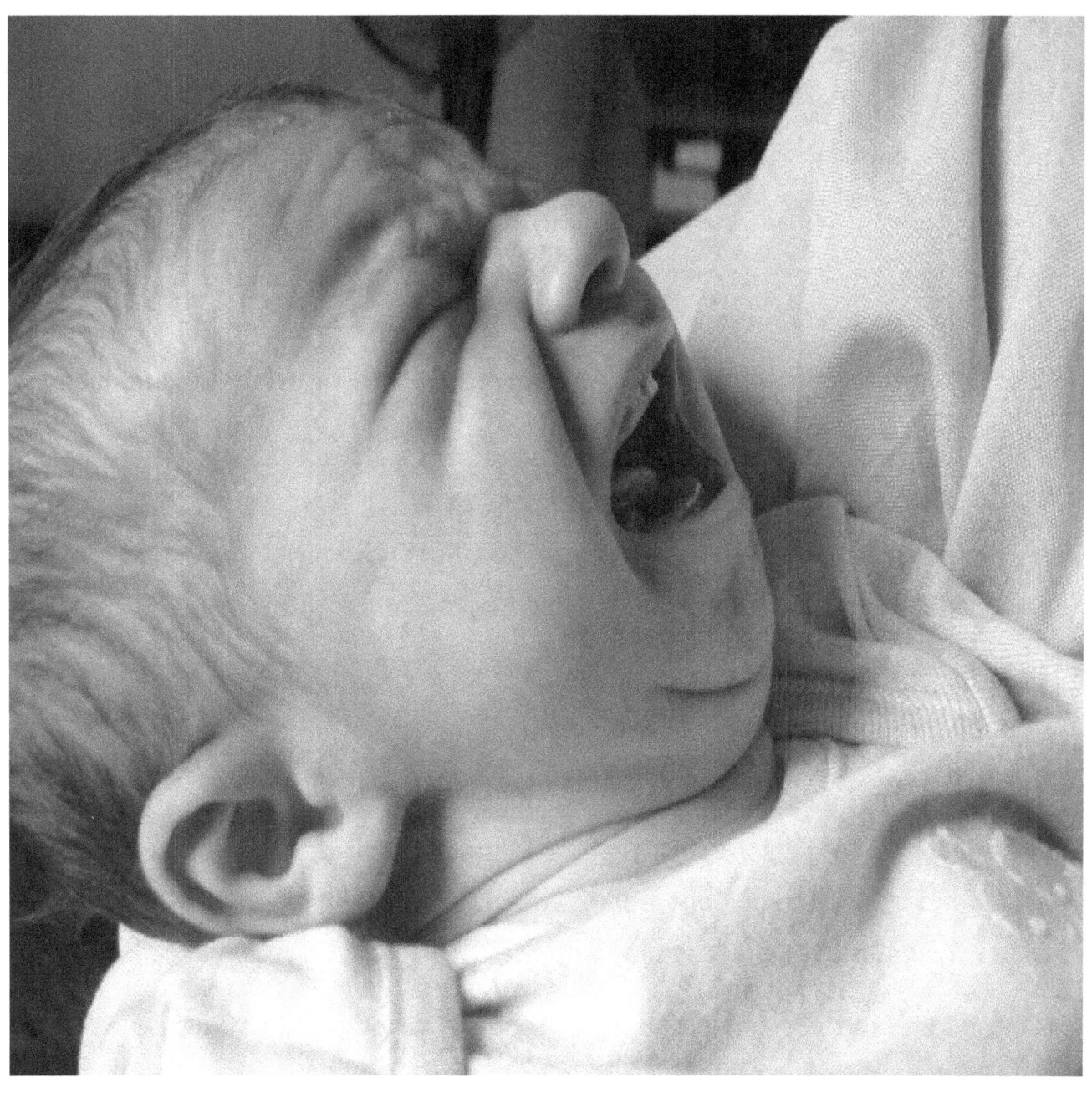

"Il rientro a casa"

Ninna nanna, ninna oh

Questo bimbo a chi lo do?

Lo darò alla Befana che lo tiene una settimana,

Lo darò al lupo nero che lo tiene un anno intero,

Lo darò alla sua mamma che lo tiene stretto , stretto

L'emozione della nascita è stata così grande che è difficile da spiegarne le sensazioni e passata la grande esperienza del parto si parla di questa nuova presenza nella tua vita.

E' arrivato il neonato e con lui un carico di grandi emozioni e gioia che non saranno facili da gestire perché sarai molto stanca.

Dubito che tu abbia preso un sonnifero per riposare dopo il parto e l'adrenalina scorre fitta nel tuo corpo.

Non vedi l'ora di abbracciarlo, di guardarlo perché hai paura che durante il sonno tu non possa ricordare il suo viso. Credi che dormire sia tempo perso ma in realtà sarà una delle tue scialuppe nei momenti di tensione e i ritmi biologici che non saranno certamente facili da gestire.

Ci sarà un pianto inconsolabile che farà da sfondo nella tua casa. Non sai se avrà fame, sonno o bisogno di un contatto.

E dall'ospedale non vedi l'ora di tornare a casa ma arrivati il primo giorno, quando chiudi la porta e lasci alle spalle parenti e amici, preparati come mamma e coppia perchè le mille domande stanno per arrivare insieme ad una forte e nuova responsabilità. E insieme anche il nuovo ruolo.

 E ora? Che facciamo? Chi lo cambia? L'ostetrica in ospedale mi ha fatto vedere come mettergli il body ma adesso ho paura di rompere quel piccolo corpicino. Avrà fame? Avrà sonno? Mi hanno fatto vedere una sola volta come si medica l'ombelico. Ma sarò in grado? Lo farò male?

Perché piange in continuazione? E se lo sdraio nel lettino non soffocherà?

Allora calma e sangue freddo, è importante prepararsi per affrontare questi momenti per il confronto di una realtà del quotidiano che nessuno vi ha saputo spiegare realmente.

1)   Come prima cosa ricordate che è fondamentale riposare molto per farsi una scorta di energie. Il neonato che nei primi mesi sarà ribattezzato "tirannino" vorrà una completa attenzione.

2)   Fate in modo che qualcuno vi aiuti in casa almeno per le prime settimane.

3)   Condividete l'esperienza della nascita con altre nuove mamme.

4)   Ascoltate i consigli come sostegno ma seguite l'intuizione e il buonsenso per trovare la capacità di far fronte ai bisogni del piccolo.

5)   Quando possibile uscite di casa insieme per lunghe passeggiate.

6)   Cercate di accogliere il suo pianto e di non caricarvi di angoscia e tensioni negative perché lui sente tutto.

7)   Tutto è da creare e costruire, compreso il nuovo rapporto a tre. Cercate di dividere ruoli e compiti ma in pari misura senza troppa distinzione.

8)   Ricordate sempre che genitori si diventa!

9)   Toccate e massaggiate il vostro bambino per il suo equilibrio fisico e psichico.

Considerate il massaggio una delle attività quotidiane del vostro bambino.

Come si massaggia?

Accarezzagli la fronte e le guance dal centro ai lati.

Massaggia il petto dall'alto verso il basso e poi la pancia con movimenti circolari.

Usa il pollice dal tallone alle dita e poi massaggia ogni dito con delicatezza.

L'allattamento: qualche consiglio?

1)-per una suzione corretta, la bocca del neonato deve essere aperta e il labbro inferiore girato in fuori. 2)-le labbra e le gengive premono contro l'areola. 3)-il capezzolo e parte dell'areola si trovano nella bocca del bambino 4)-finito l'allattamento, per togliere il piccolo dal seno, inserire il dito dalla bocca e il capezzolo. Importante non scoraggiarsi.

Il cambio del pannolino

Per quanto riguarda le bambine, le feci devono essere rimosse dall'avanti all'indietro per non portare residui fecali verso la vulva e la vagina dove possono essere causa d'infezioni. Nei maschietti si devono pulire con attenzione le pieghe dello scroto e del pene.

Come medicare il moncone ombelicale

Come fare? La base, ovvero il limite fra la cute e il moncone, deve essere circondata e stretta con una sottile striscia di garza sterile arrotolata e imbevuta con alcol e questo tipo di medicazione deve essere effettuata più volte al giorno soprattutto se la garza è bagnata o sporca.

CAP VI

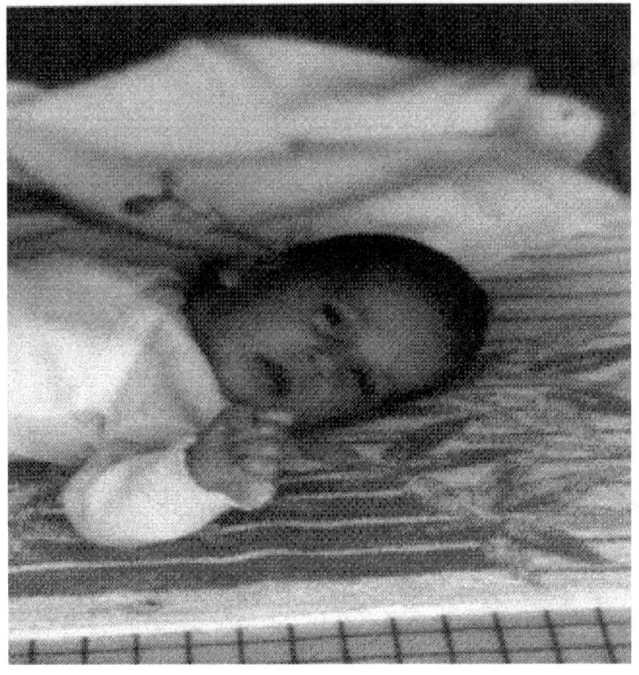

Post-parto (perché sono triste?)

Non c'è musica con un solo suono; ci vogliono vari suoni per dare armonia alla musica (Tradizione orale Dogon)

"Mamma, tu devi essere felice" aveva detto la mia bambina tanti anni fa "perché dopo sono felice anch'io".

Capita però che le mamme non siano felici, proprio quando meno ci si aspetta, quando dovrebbero per luogo comune essere al massimo della felicità.

Tornando a casa con il bambino, ci accompagna la tristezza, sorda, pesante, immotivata e ci sentiremo dire :" devi essere felice", ma non sarà questo lo stato d'animo che ci accompagnerà facendoci sentire ingrate e cattive.

In questo periodo un ruolo molto importante spetta al padre poiché una neo-mamma ha bisogno di cure perché, per potersi meglio sintonizzare sui bisogni del bambino vive una regressione che fa tornare lei stessa bambina.

In questo momento è di estrema importanza poter parlare ed essere capite dal proprio compagno e da coloro che ci stanno intorno, è anche importante condividere il proprio malessere e la propria sofferenza con altre donne che hanno vissuto la nostra esperienza o che la stanno vivendo nel medesimo momento.

La mamma appena tornata a casa si sente sola con la sua responsabilità, si tratta di un sentimento di solitudine che va al di là del fatto di essere realmente lasciate sole.

Come dice Bowbly, chi dà le cure deve a sua volta ricevere molte cure. Spesso il lavoro di una mamma a casa viene dato per scontato e non ci si sofferma a considerarne ed apprezzarne gli sforzi.

Più il rapporto della neo mamma con la propria madre è stato vissuto in modo positivo, più sarà facile per lei imparare a prendersi cura del proprio bambino e superare questo primo momento di tristezza se invece il rapporto con la propria madre è stato ricco di conflittualità, la mamma farà fatica ad appropriarsi del nuovo ruolo e spesso dovrà persino chiedere aiuto a qualcuno più esperto (psicologo).

Chiedere aiuto, quando da soli non riusciamo è un grosso atto di responsabilità nei confronti di noi stessi e di coloro che ci stanno vicini.

La nascita del figlio tanto atteso nei nove mesi della gravidanza, rappresenta un evento molto delicato per la donna, caratterizzato da un sentimento di "perdita" legata alla conclusione della gravidanza e da un'"acquisizione" portata dalla nascita del figlio.

La donna vive il parto sia come perdita di una parte del proprio corpo con cui si era completamente identificata, sia come una brusca intrusione del reale all'interno dell'unità biologica creatasi nei mesi della gravidanza; la disillusione, derivante dalla percezione di uno scarto inevitabile fra il bambino immaginato durante l'attesa ed il bambino reale; la regressione, necessaria per immedesimarsi nei bisogni del bambino appena nato.

Molte sensazioni ed emozioni accompagnano quindi questi primi momenti in cui è molto importante cercare di "rimanere coppia" poiché l'evento della nascita è un momento estremamente destabilizzante per il padre, per la madre e per la coppia che essi formano.

E' importante chiedere e ricevere aiuto in questo periodo sia perché i ritmi sonno-veglia del neonato saranno a volte difficili da affrontare sia per tutti i motivi sopra esposti, superare questi momenti insieme rafforza la coppia e l'individualità dei partner.

Solo da una buona risoluzione di questi primi giorni, potrà nascere un madre "sufficientemente buona" come la definisce Winnicott in grado di prendersi cura del proprio bambino ed accompagnarlo serenamente verso l'indipendenza ...

Winnicott ha denominato "baby blues" questo momento malinconico nella vita di una mamma, si tratta come già detto di una reazione piuttosto comune a partire dal terzo, quarto giorno dopo il parto, i cui sintomi includono crisi di pianto senza apparente motivo, irritabilità, inquietudine ed ansietà che tendono gradualmente a scomparire in tempi abbastanza brevi.

Ben più gravi sono i sintomi della "depressione post-partum" che possono perdurare anche per un intero anno e che comprendono:

indolenza

affaticamento

esaurimento

disperazione

inappetenza

insonnia o sonno eccessivo

confusione

pianto inconsulto

disinteresse per il bambino

paura di far male al bambino e a se stessa

improvvisi cambiamenti d'umore.

Quando la depressione non passa è molto importante rivolgersi ad uno specialista.

Si possono distinguere tre diversi tipi di depressione post partum : il baby blues, la depressione post-partum e la psicosi post- partum

Il baby blues si manifesta con frequenti e prolungate crisi di pianto, stati di tristezza e di ansia e tende a scomparire in poco tempo senza richiedere cure particolari che non siano quelle affidate al buonsenso e alla pazienza di coloro che circondano la neo mamma.

La depressione post-partum oltre ai sintomi del baby blues presenta un'intensità maggiore e la durata varia da qualche settimana a un anno e porta con sé una forte incapacità di prendersi cura del bambino, spesso necessita di cura farmacologica.

La psicosi post-partum è la forma più grave di depressione e richiede cure mediche tempestive.

I sintomi comprendono stati di agitazione, confusione, pessimismo, disagio sociale, insonnia, paranoia, allucinazioni, tendenze suicide o omicide nei confronti del bambino.

La statistica parla di una neo mamma su mille affetta da simile patologia.

Pur essendoci delle cause naturali, legate alla fisiologia della donna, è possibile prevenire o quantomeno attenuare le manifestazioni della depressione post-partum agendo soprattutto a livello psicologico sulla madre e su chi le sta attorno.

Per quanto riguarda la madre può essere utile ad esempio, limitare i visitatori al rientro a casa dopo il parto, dormire nelle stesse ore in cui dorme il bambino, seguire una dieta adeguata che eviti eccessi e l'assunzione di eccitanti come alcool e caffè, chiedere aiuto quando se ne sente il bisogno, mantenere contatti con amici e familiari, rafforzare il rapporto con il proprio partner e soprattutto cercare di mantenere un atteggiamento realistico nei confronti di se stessi, del bambino e la piena consapevolezza di una situazione che avrà degli alti e dei bassi ma che esaurirà le sue manifestazioni negative nell'arco di pochi giorni.

Da parte del partner o comunque dei familiari può essere utile offrire aiuto nei lavori domestici, nell'alleviare gli impegni della neo mamma, nel mostrare disponibilità ad ascoltare ed offrire sostegno.

Aiuto! A chi rivolgersi per tornare a sorridere

(guida all'informazione sul web: qualche indirizzo utile)

Cliccare su www.mammole.it perché è un'organizzazione nata per i genitori che desiderano imparare e confrontare le proprie idee ed esperienze su tutto ciò che riguarda la gravidanza.

www.genitorisoli.it si tratta di un'associazione di genitori che vivono in prima persona il dolore della solitudine unito alle numerose difficoltà che comporta crescere i propri figli.

www.vitadidonna.it associazione per la tutela della salute femminile.

www.mami.org sito del Movimento allattamento materno italiano.

www.lllitalia.org organizzazione che aiuta le donne che vogliono allattare al seno.

www.allattamentomaterno.it la fisiologia e tutti i suggerimenti per poter allattare al seno. I rimedi naturali, i farmaci e i consigli per migliorare la produzione di latte materno.

www.provincia.milano.it/affari_sociali/index.html

Madre Segreta è un servizio di aiuto per le madri in difficoltà.

Rapporto a tre (la coppia destabilizzata)

Arriva un figlio, il progetto della vita scritta a due e tutto cambia radicalmente.

Ed è propio per questo motivo che è bene essere profondamente coscienti della nuova situazione (soprattutto per tutte quelle coppie abituate a non rendere conto a nessuno...).

Infatti dal momento del rientro a casa, le porte si chiudono e il bambino entra a poco a poco nei vostri ritmi e rituali di vita.

Lo amate tanto, senza dubbi, ma vi metterà a dura prova. Fiore all'occhiello della nuova vita e situazione è il sonno, perchè anche se dorme abbastanza(e questa è già la prima grande fortuna), il modo sarà diverso. Sarà un sonno interrotto.

Si parte con un primo periodo a ritmi di poche decine di minuti poi vi regalerà qualche minuto in più .. fino ad arrivare a delle ore (se siete tra i fortunati e vostro figlio non prenderà la notte per il giorno!).

Accontentatevi però, perchè il tutto sarà alternato da piccoli risvegli. E con il sonno arrivano le prime tensioni soprattutto nella coppia in quanto il piccolo "tirannino"certamente non è da incolpare: lui arriva al mondo e deve abituarsi alla nuova situazione.

Del resto prima viveva dentro l'utero, in un ambiente protetto ed è rimasto lì per nove mesi in teoria dieci cicli lunari cioè 280 giorni, per avere una serie di trasformazioni.

Poi c'è l'organizzazione della vita: una madre deve occuparsi della casa, tenere tutto in ordine e pulito, organizzare famiglia e spesa, portando con sè un carico che se diviso è certamente meglio.

Senza dimenticare che soprattutto se parliamo di un primo figlio, tutto è nuovo comprese le tensioni e le paure.

Qualsiasi cosa diventa un problema che deve essere affrontato in due: può nascere una difficoltà nell'allattamento al seno, la paura della morte in culla, il bambino cresce poco, piange in continuazione ed è difficile da capire. Il piccolo piange per qualsiasi ragione o disagio, dalla più banale alla più seria.

Ogni parola, ogni consiglio di un pediatra, di un'ostetrica o semplicemente di un parente, viene preso alla lettera e alla fine si finisce per essere completamente confusi e in balia di non si sa chi e di che cosa.

Suggerimenti:

Uno)- Non cercare mai di confrontare la tua vita adesso con quella di prima. I ritmi cambiano comprese le abitudini e soprattutto nei primi anni ci sono rinunce.

Due)- Chiedi sempre aiuto a chi ti sta intorno, coinvolgi nonni, amici e parenti senza però rinunciare alle tue decisioni e alla nuova situazione familiare.

Tre) Cerca sempre di non mettere in disparte la vita di coppia. Cerca momenti intimi con la dolce metà e non strumentalizzare il figlio nei momenti di crisi della coppia.

Quattro) Evitare il confronto con altri genitori perché siamo tutti diversi. Non si nasce né padre né madre ma si percorre una vita parallela di individuo e genitore.

Cinque) Non dimenticare piccoli gesti e gentilezze, attenzioni e tenerezze a chi è vicino alla tua vita.
Parola d'ordine: complicità.

Sei) Metti in prima linea il figlio ma collegato alla vita di coppia.

Sette) Cercate di avere spazi comuni e diversi. Rispettatevi come persone.

Otto) Fondamentale il "lavoro di squadra": ovvero la coppia deve diventare unica entità che deve lavorare in sintonia.

Un investimento per il futuro sicuramente importante nell'educazione dei figli.

Nove) Cercate di vivere e sintonizzatevi sulla stessa lunghezza d'onda.

Dieci) Amate vostro figlio per quel che è, e non per quello che vorreste che fosse.

Numeri utili reparti maternità in Italia

AZIENDA OSPEDALIERA
SAN CAMILLO FORLANINI
Di Rilievo Nazionale e di Alta Specializzazione

PER MAGGIORI INFORMAZIONI SI Può TELEFONARE AI SEGUENTI NUMERI TELEFONICI:
Ambulatorio ostetrico-ginecologico (aperto dal lunedì al venerdì) 06 58704234
Ambulatorio amniocentesi (Martedì e Giovedì dalle 10 alle 12) 06 58704590
Ambulatorio monitoraggi e Pronto Soccorso-Accettazione 06 58704627 Nido d'osservazione 06 58704432 Patologia Ostetrica (Ostetricia A) 06 58704237 Puerperio (Ostetricia B) 06 58704238 Blocco Parto 06 58703342 Ginecologia 06 58704233 Ambulatorio pediatrico 06 58703361 Per informazioni sulla raccolta sangue del cordone sanguedicordone@scamilloforlanini.rm.it

Azienda Ospedaliera San Paolo Polo Universitario via A. Di Rudini 8- 20142 Milano

Numeri utili

Centralino   02.8184.1

Portineria Atrio Centrale   02.8184.4457

Direzione Sanitaria   02.8184.4494

Poliambulatorio   02.8184.4326

Pronto Soccorso   02.8184.4250

Pronto Soccorso Ginecologico   02.8184.4538

C.U.P. Centro Unico Prenotazioni

Centrale (piano S) 02.8184.1

Punto prelievi - Laboratorio Analisi   02.8184.3040

Ostetricia/Ginecologia   02.8184.4286

Prenotazioni attività ambulatoriali in Libera Professione 02.8184.4141

Ufficio Relazioni con il Pubblico

Sede: blocco C piano 1°

Orario: tutti i giorni dal lunedì al venerdì dalle ore 08.30 alle ore 16.30

tel. 02.8184.4526 - 02.8184.3007 - 02.8184.3070 - 02.8184.4191

fax 02.8184.4190

e-mail: urp@ao-sanpaolo.it

Puoi usare anche il numero verde di Sanità Milano per prenotare una prestazione dell'Ospedale San Paolo

Specialità cliniche e servizi

U.O. di Ostetricia e Ginecologia

GINECOLOGIA

Tel. 02/8184.4419 - Fax 02/50323189

Informazioni generali: L'Unità Operativa di Ginecologia effettua prestazioni di tipo medico e chirurgico, in degenza ordinaria, Day Hospital ed ambulatorialmente.

Stabilimento di Santa Chiara- Pisa

Ostetricia e Ginecologia

Portineria tel. 050/992968

Segreteria tel. 050/992487

Sala parto (Universitaria) tel. 050-992608

Sala parto Ospedaliera tel. 050-993462

Ospedale Careggi- Firenze

Emergenza Sanitaria

118

Centralino Careggi

055.794.111

Ufficio Relazioni con il Pubblico

055.794.8227

Azienda Ospedaliero Universitaria Careggi di Firenze

Il Servizio di Psicoprofilassi e Fisiologia Ostetrica dell'Azienda Ospedaliero Universitaria Careggi di Firenze (DAI Materno Infantile) offre alle donne/coppie in attesa di un figlio, un percorso di assistenza Ostetrica e psicologica attraverso attività volte a favorire l'equilibrio psicofisico della gravidanza e del parto, come occasioni di sviluppo e maturazione delle competenze genitoriali e di riscoperta delle risorse già presenti nella donna e nella coppia.

Attività prima del parto

Corsi di preparazione alla nascita (dalla 20° sett. di gestazione)

- programma di informazione settimanale rivolti alla coppia (programma su sito internet)
- corsi di attività psico-fisica per gestanti

inoltre:

- consulenza e sostegno psicologico individuale/di coppia
- attività psicofisica in acqua (in allestimento)
- incontri di informazione con il pediatra (a cadenza quindicinale, dall'ultimo trimestre di gravidanza)
- programma di incontri specifici rivolto ai futuri padri
- programma di incontri specifici rivolto alle gravidanze gemellari

Attività dopo parto:

- ambulatorio di sostegno all'allattamento ed al puerperio
- incontri di gruppo coppie neonati
- consulenza e sostegno psicologico individuale/di coppia
- incontri di informazione con il pediatra (a cadenza quindicinale, fino ai primi tre mesi di vita del bambino).

Servizio di Psicoprofilassi e Fisiologia Ostetrica

Referente: Dott.M.Santini

Viale G.B. Morgagni 85

54

50100 Firenze

055-7947728

Fax 055-7947678

www.centronascita.it

OSPEDALE

EVANGELICO

INTERNAZIONALE

Ente Ecclesiastico civilmente riconosciuto

Fondato da Chiese Evangeliche di Genova:

Anglicana, Luterana, Presbiteriana

Scozzese, Riformata Svizzera, Valdese.

N. tel. diretto 010 5522 225

E-mail diretto: ostetricia@oeige.org

www.oeige.org

Tel.: +39 010 5522 1

Fax: +39 010 5522 200

E-mail: urp.oei@oeige.org

Prima del ricovero si prega di chiamare il reparto al n° 0105522225

Ospedale Livorno

Centralino tel. 0586-213111.

Reparto Ostetricia tel. 0586-223346.

ULSS 7 Conegliano Veneto e Vittorio

Veneto (Treviso)

numeri utili

Ostetricia 0438665329

Nido 0438665285

Segreteria 0438665235

Ospedale Niguarda Ca´ Granda

Piazza dell´Ospedale Maggiore, 3 Milano - 02 64441

www.ospedaleniguarda.it

urp@ospedaleniguarda,it

Servizi

Ufficio Relazioni con il Pubblico

da lun a ven 9.00/12.00 - 13.00/16.30

Tel. 02 64442794/5

Centro Unico di Prenotazione

da lun a ven 8.00/15.30

Presso i Singoli Ambulatori

Prenotazioni Telefoniche

da lun a ven 8.00/15.30

Tel. 02 64442777

Reparto Maternità

Tel. 02 64442630 / 37

Corso Pre-parto

per informazioni da lun a ven 8.00/15.30

Tel. 02 64442453 / 2623

Ospedale Luigi Sacco- Milano

20157 Milano Via G.B. Grassi, 74 –

Tel 02 39041 - Fax 02 38200462 - <u>urp@hsacco.it</u>Recapiti

Segreteria Direzione

02 3904.2264

 Reparto

02 3904.2273

Studio medici Medicina Materno Fetale

02 3904.2258

<u>materno.fetale@hsacco.it</u>

Studio medici ginecologia

Corso di Accompagnamento al Parto

02 3904.2256

<u>sala.parto@hsacco.it</u>

Amb. Gravidanza Presso il Termine

02 3904.2256

<u>sala.parto@hsacco.it</u>

Amb. Diagnosi Prenatale

02 3904.2257

Amb. Ecografie Ostetriche per patologie della crescita fetale

02 3904.2257

Amb. Patologia della Gravidanza

02 3904.2257

Amb. Ecografia ginecologica

02 3904.2257

per prenotazioni

20157 Milano Via G.B. Grassi, 74 - Tel 02 39041 - Fax 02 38200462 - urp@hsacco.it20157 Milano Via G.B. Grassi, 74 - Tel 02 39041 - Fax 02 38200462 - urp@hsacco.it

U. O. C. di Ostetricia e Ginecologia (Dolo)

Via XXIX Aprile, 2 - 30031 Dolo (Ve)

Segreteria: 041 5133389

Caposala Ginecologia: 041 5133236

Caposala Ostetricia: 041 5133235

Fax: 041 5133811 (Ginecologia)

041 5133393 (Ostetricia)

 Ostetricia

Contattare il numero 041 5133235 da lunedì a venerdì dalle ore 10.00 alle ore 13.00

RECAPITI DEI SERVIZI

CARDIOTOCOGRAFIA: Per appuntamento tel. 041\5133812.

CORSO DI PREPARAZIONE AL PARTO: Per prenotazione 041\5133812

COLLOQUIO PER DONAZIONE SANGUE FUNICOLARE: 041\5133235

ECOGRAFIA: Appuntamento presso il CUP 041\5103520

TAMPONE VAGINALE: Senza appuntamento dal lunedì al venerdì dopo le ore 10.30 presso il laboratorio analisi.

 NUMERO TELEFONICO DEL REPARTO DI OSTETRICIA: 041\5133235

UFFICIO PRENOTAZIONI: CUP 041\5103520

Se invece desiderate partorire in casa, ecco una lista di alcuni indirizzi utili:

CASA MATERNITÀ "LA VIA LATTEA"

Via Morgantini 14-20148 Milano

tel. 02/89077586

e-mail: info@casamaternita.it

per ulteriori info visitare il sito all'indirizzo: www.casamaternita.it

CASA MATERNITA' MONTALLEGRO

Studio Le Ostetriche

Via G. Comi, 57-21056 Induno Olona (Va)

e-mail: martacampiotti@iol.it

per ulteriori info visitare il sito all'indirizzo: www.nascereacasa.it

CASA MATERNITA' "LA QUERCIA"

Via Pertini 2- Merone (CO)

tel. 031 651165

e-mail: isottina.colombo@gmail.com

per ulteriori info visitare il sito all'indirizzo: www.maternitalaquercia.it

CASA MATERNITA' "IL NIDO"

Via delle Borre 9-40131 Bologna

tel. 051 6350911 e-mail: info@ilnido.it

per ulteriori info visitare il sito all'indirizzo: www.ilnido.bo.it

Donazione sangue cordonale:

I requisiti per la donazione del sangue cordonale, sono la gravidanza a termine e l'essere esenti da malattie infettive trasmissibili per via ematica quali l'HIV e l'epatite C, l'epatite B.

La donazione non deve essere minore di 150 gr. compresa la sacca di contenimento del sangue.

A tale proposito, vi rimandiamo in appendice dove troverete il testo di legge sulla donazione del sangue cordonale e i moduli per la richiesta che va fatta nel corso della gravidanza.

CAP.VIII

Primi mesi; prime tappe

Dondola là l'ala la...
Dondola là l'ala la...
Dondola là l'ala lama d'una luce bianca
sul dorso campana stanca: è alba:
che l'erba a lente maglie sveglia.

Ecco, è arrivata l'alba...

Vostro figlio, tanto sognato, tanto immaginato, tanto atteso è ora realtà nel mondo.

Il momento del travaglio e del parto sarà stato vissuto e gestito in modo assai differente in base alla consapevolezza che ogni donna ha del proprio corpo ed alla capacità di gestione del dolore fisico.

Sarà stata inoltre un'esperienza differente a secondo di chi vi ha circondato e sostenuto in quel momento.

Alcune di voi avranno partorito in cliniche super efficenti dal punto di vista sanitario che però poco spazio lasciano alla cura degli aspetti psicologici, altre avranno scelto di prediligere "lo star bene" e avranno scelto di partorire in ospedali attrezzati magari per il parto in acqua e nei quali la coppia madre bambino non viene separata al momento della nascita e non esiste nursery.

Altre infine avranno partorito in casa con la loro musica preferita, circondate da familiari ed amici.

Comunque abbiate scelto, sicuramente il metodo si adattava perfettamente alla vostra personalità.

Se invece, mentre leggete siete ancora in attesa bhè, allora sappiate che ogni ospedale abbraccia una propria filiosofia rispetto alla "vita" e di conseguenza adotta tecniche di parto differenti.

In ogni ospedale ci sarà sempre l'adeguata assistenza per madre e bambino dal punto di vista sanitario semplicemente, quello che potrà cambiare sarà la differenza nell'accentuare più o meno l'importanza dell'aspetto psicologico.

Dobbiamo a Frederick Leboyer, noto ginecologo francese, l'attenzione specialissima da riservare al cucciolo umano quando viene alla luce.

Il metodo Leboyer, adottato ormai da anni in molti ospedali, "*chiede a medici e genitori lo sforzo di un approccio non tradizionale e offre in cambio prospettive di dolcezza e di gioia nel recupero del parto come momento di amore e non solo di efficientismo ospedaliero*".

Il bambino nasce con luci soffuse, nel silenzio che caratterizza i suoi nove mesi nel ventre materno e con estrema dolcezza, stando attenti alla sua piccola schiena che da "sempre" è "appoggiata" alle pareti uterine, viene posto sulla pancia della mamma, sua prima culla.

Il cordone ombelicale viene tagliato solo quando smette di pulsare ed il bambino può respirare autonomamente.

Sembra difficile aspettare, in un mondo in cui tutto si consuma in fretta, Leboyer, ha portato questa tecnica dall'India, dove da sempre il momento del parto viene vissuto con l'intensità che merita.

Il neonato fotografato nel libro di Leboyer "per una nascita senza violenza", non piange, semplicemente il suo primo respiro è un lieve sorriso...

Appena nato, i medici libereranno il bambino dei residui di liquido amniotico rimasti nelle vie respiratorie.

Dopo, valuteranno secondo un apposito punteggio (indice di Apgar): la frequenza cardiaca, l'attività respiratoria spontanea, il tono muscolare, i riflessi e il colorito.

Il punteggio va da 0 a 10 punti ed il test viene fatto a cinque minuti dalla nascita. Verranno poi instillate alcune gocce di collirio negli occhi per evitare il rischio di infezioni ed un'iniezione di vitamina K per la coagulazione del sangue.

Verranno infine effettuati tutti i controlli pediatrici necessari e medicato e fasciato l'ombelico,infine il piccolo viene lavato e vestito e posto nella sua culla. Il tutto, tutelando il mantenimento della temperatura corporea.

Un neonato di solito pesa dai 2,500 ai 4 Kg. I bambini prematuri, nati prima delle 38 settimane di gestazione sono più piccoli nel peso e a seconda del momento in cui nascono necessitano di cure particolari e di essere posti in incubatrice poichè non tutti gli organi possono essere in grado di funzionare autonomamente.

Tutti i bambini, durante il periodo trascorso in ospedale vengono sottoposti ad accurati controlli ed analisi mediche in modo da scoprire tempestivamente eventuali malattie che se diagnosticate per tempo possono non avere prognosi infausta.

I bambini immaturi sono nati a termine ma sottopeso.Sono considerati tali quelli che pesano alla nascita meno di 2,500 Kg.

A volte, anziché uno, i neonati sono due o più; i gemelli di solito nascono prematuramente e con taglio cesareo.

Ma esiste sempre l'eccezione che conferma la regola.

Il 30-40% dei neonati ha la pelle giallastra. I bambini con ittero sono più dormiglioni e mangiano meno e più lentamente ma la loro condizione non deve destare preoccupazione poiché l'ittero viene considerato un fenomeno normale e di solito regredisce nel giro di pochi giorni.

A volte, quando è eccessivamente accentuato, viene trattato con i raggi ultravioletti e molto raramente è così grave da richiedere un ricambio del sangue.

Normalmente dopo due, tre giorni dal parto il seno gonfia e diventa dolente, è il momento della montata lattea, fino a questo momento infatti il bambino si è nutrito di colostro, una sostanza di colore giallino, ricca di proteine e sali minerali e zuccheri, povero di grassi e carboidrati, con alto contenuto di anticorpi materni, che sussidiano il bambino nella protezione del tubo digestivo, evitano le infezioni ed esercitano un'importante azione lassativa.

Con riguardo all'allattamento, le misure del seno non contano, serve invece una buona dieta e tanto riposo.

Va bene in questo periodo assumere proteine in abbondanza e non devono mancare frutta, verdura e non dimenticate di bere molta acqua.

Utilizzate un buon reggiseno, aperto sul davanti in modo da facilitare l'operazione e ponete buona cura del vostro seno.

Se sentite dolore, o semplicemente desiderate evitare le ragadi, ungete spesso il seno con olio di mandorle dolci in modo da renderlo morbido ed idratato.

Presto vi abituerete al movimento della suzione e lo svuotamento del seno dopo la poppata sarà per voi di grande sollievo.

All'inizio il sonno del vostro bambino sarà polifasico cioè vale a dire che alternerà momenti di sonno a momenti di veglia sia di giorno che di notte, mantenendo inalterate le "abitudini" che aveva dentro l'utero ed i primi mesi saranno molto duri se non avrete predisposto un sistema di aiuti poiché il piccolo, ogni circa tre ore vorrà mangiare e necessiterà di essere cambiato sia di giorno che di notte.

Stanche dalla gravidanza e dal parto, il vostro fisico in questo momento sarà messo a dura prova e con lui la vostra psiche.

Vi sentirete stanche, tristi, impreparate e non vi ritroverete più nel vostro corpo che per tutto il tempo dell'allattamento faticherà a ritornare alla forma di prima della gravidanza.

Si tratta solo di un periodo che passerà in fretta e che sarà più facilmente superabile se avrete accanto a voi persone che sapranno aiutarvi e comprendervi.

Per i primi mesi di vita, il latte materno è l'alimento migliore e potremmo dire il più comodo dal momento che è sempre pronto e caldo al punto giusto!

Tuttavia non scoraggatevi se non potete allattare infatti esistono in commercio tipi di latte con caratteristiche molto simili a quello umano.

Starà a voi la scelta se dare il latte a richiesta o con orari rigidi ricordatevi comunque che il vostro bambino non piange solo per fame; la voglia di cambiare posizione, di essere presi in braccio, esistono fin da subito come dice Leboyer :

"Per aiutare i piccoli a traversare il deserto dei primi mesi della vita, perché essi non provino l'angoscia di sentirsi isolati, perduti, bisogna parlare al loro dorso, bisogna parlare alla loro pelle che hanno sete e fame quanto il loro ventre".

Vostro figlio, così piccolo ha già una sua personalità che lo caratterizza per la sua unicità.

Sceglietevi un pediatra che olre ad essere un buon medico sappia essere anche molto comprensivo con le vostre ansie e timori soprattutto se siete al vostro primo figlio.

Ricordo ancora una mattina, alla mia prima maternità, telefonai al pediatra per sapere cosa dovevo fare, come vestire il bambino in quella giornata di inizio primavera in cui non faceva né caldo, né freddo e un vento abbastanza forte soffiava tra gli alberi; lui, pediatra di campagna, sulla cinquantina, mi ascoltò in silenzio poi, mi chiese ma tu come sei vestita? Dimmi tutto quello che hai addosso.

Mi trovai a dirgli che avevo la camicia, il maglione, i pantaloni, i calzini di cotone e quando ebbi finito lui mi disse semplicemente: il tuo bambino è piccolo ma è come te, se tu hai freddo, anche lui ha freddo, se tu hai caldo anche lui ha caldo, lo devi vestire come sei vestita tu, chiama se hai dubbi. Non lo ringrazierò mai abbastanza...

Due parole sulla bilancia: non è indispensabile pesare il bambino dopo ogni poppata, tenete inoltre presente che la quantità di latte succhiata non sarà la stessa ogni volta e che se ha mangiato meno, recupererà alla successiva poppata.

Nei primi tre mesi di vita vostro figlio seguirà un'limentazione esclusivamente a base di latte sia che sia il vostro o quello artificiale.

Lo svezzamento inizierà in maniera graduale, tenendo conto anche degli aspetti psicologici infatti, in questo momento sia voi che il vostro bambino vivrete un momento di distacco, che sarà vissuto in maniera più forte se avrete allattato al seno.

Iniziando a mangiare il piccolo si avvia verso l'indipendenza e questo sarà un momento delicato vista l'intensità del legame biologico tra madre e figlio caratterizzata da nove mesi in perfetta simbiosi e dopo la nascita (primo distacco), lo svezzamento rappresenta il momento in cui il corpo materno si distacca da quello del proprio figlio (secondo distacco), anche se lo avete allattato con il biberon adesso non starà più in braccio per mangiare ma si abituerà a consumare i pasti seduto.

Lo svezzamento inizia generalmente con qualche cucchiaino di frutta da somministrare dal terzo mese in modo da far abituare il bimbo al cucchiaio ed ai nuovi sapori.

Generalmente è meglio cominciare con la pera perché dolce e digeribile. Dal momento che il latte di cui il bambino si è nutrito finora è dolce, le prime pappe saranno dolci, quelle salate verranno introdotte intorno al settimo mese, introducendo un alimento per volta per evidenziare da subito eventuali allergie.

Nei primi tempi è consigliabile somministrare alimenti senza glutine e non salare gli alimenti. E' stato provato che l'alimentazione nell'infanzia sia molto importante per la prevenzione delle malattie nell'adulto perciò occorre porre la massima attenzione a questo delicato periodo dello sviluppo.

Il vostro pediatra come sempre vi verrà in aiuto dal momento che il bambino seguirà con lui un apposito percorso per il controllo del peso e della crescita più in generale.

Verranno anche effettuate le vaccinazioni obbligatorie e vi verrà richiesta l'autorizzazione per quelle facoltative.

In questo primo anno il bambino, partendo alla conquista del mondo, farà mille scoperte imparando tantissime cose e tra queste le più "faticose" per lui.

Imparerà a sorridere in maniera intenzionale infatti, i primi sorrisi sono di natura esclusivamente endogena, a stare seduto, ad utilizzare il pollice in opposizione all'indice per afferrare gli oggetti, inizierà a camminare, a dire le prime parole e per voi sarà probabilmente il momento di tornare al lavoro.

Forse avrete deciso di mandare il bambino all'asilo nido oppure avrete trovato qualcuno che si occupi di lui durante la vostra assenza.

Sappiate allora che esiste un "periodo critico" per ogni bambino che si colloca all'ottavo mese durante il quale avrà paura degli "estranei" in quanto inizia a riconoscere la madre come altro da sé infatti, fino a questo momento il neonato ha "creduto" di essere un tutt'uno con la sua mamma proprio come quando era in utero.

Ha bisogno di tempo per cambiare le abitudini acquisite in nove mesi e le richieste del "mondo" sono davvero tante per lui...

Quindi se dovete rientrare al lavoro cercate di farlo prima o dopo questo delicato periodo in modo da rendere le cose più facili per il piccolo e per voi.

Questo sarà un altro momento difficile caratterizzato dal senso di distacco e quindi di perdita; in realtà non è così poiché perderete è vero, il legame intenso che vi legava a vostro figlio nei primi tempi ma assisterete con gioia all'esplosione delle sue "scoperte" riguardo al mondo e alle persone e consoliderete il vostro legame divenendo in qualche modo indipendenti l'uno dall'altra.

Ritroverete una parte dei vostri spazi personali e questo sarà fonte di nuove sollecitazioni nel rapporto con il bambino.

Vedere che altre persone si occupano del bambino potrà essere all'inizio difficile e suscitare emozioni forti, starà a chi si occupa di lui in vostra assenza darvi tutto l'aiuto di cui avete bisogno.

CAP IX

Diario di una mamma...

Quando sei nato, non pensavo tu potessi essere così bello e in sala parto appena ti hanno accostato vicino al mio volto, mentre piangevi con tutto te stesso, mi sembrava di vivere dentro un film.
 Eri vero, eri arrivato, tutto era andato bene, eri sano e da quell'attimo, un sospiro di sollievo.
Quando mi hanno poi tenuta del tempo dopo il parto negli ambienti della sala parto, da lì il mio chiodo fisso era vederti.
Ti avevo dato alla luce e ti volevo tenere tra le braccia.
Poi finalmente ci siamo visti e toccati per la prima volta, tu mi annusavi e mi sembravi un tenero marziano, uno spettacolo.

Non dimenticherò neppure il viaggio in macchina, dall'ospedale a casa, mi sembrava di essere dentro un camion porta valuta.

Avevo paura che anche l'aria e il sole che ti sfioravano dal finestrino, potessero sciuparti.

Avevo timore anche a toccarti da quanto eri piccolo e indifeso. A casa poi, quando abbiamo chiuso la porta lontano da parenti e amici e siamo rimasti in tre, da quel momento è partito il conto alla rovescia della nostra nuova famiglia.

Tutto è iniziato da quel momento. Ma non è stata una passeggiata. Avere un figlio è una situazione davvero grande, non pensavo fosse così. Forse perché non avevamo nell'ambiente familiare bambini piccoli in giro per la casa, non sapevamo neppure cambiare un pannolino e nemmeno come tenerlo in braccio.

Del resto fino a pochi mesi prima del parto, non eravamo mai entrati nemmeno in negozi specializzati.

Anche la lista di nascita è stata tutta un'esperienza: biberon, ciucci, pannolini di varie misure, passeggini e lettini... tutta un'altra lingua.

Ma l'ostacolo più grande della coppia e della nuova famiglia a tre, è stato sicuramente il ritmo dormi-veglia e il non avere specialmente il primo mese, più neppure un attimo di tempo per noi.

Sapevo che i neonati dormono e poppano, forse, non nel caso nostro. Tu, come molti piccoli di oggi, eri sveglio già dai primi minuti arrivato al mondo.

Pianti e disperazione in mezzo alla notte, non saper cosa fare, come farti dormire e calmare. E nella nostra inesperienza, tu hai avuto tanta pazienza!

La prima difficoltà, l'allattamento e il non sapere se eri sazio.
Poi le prime coliche e con loro, il peso della responsabilità di crescerti e la stanchezza sempre a portata di mano.

I primi giorni e le prime settimane sono state spossanti ma in seguito le cose hanno iniziato ad assestarsi e soprattutto abbiamo iniziato a conoscersi e a capire le nuove esigenze.

Il primo anno..

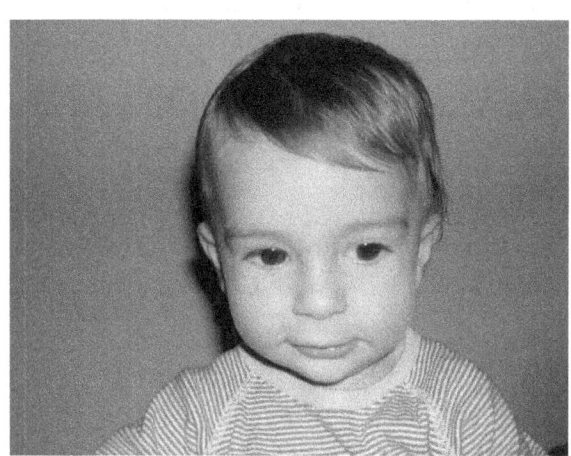

Tutti mi dicevano che i primi anni volano e quando guardo le fotografie penso la stessa cosa. Ma non dimenticherò mai le emozioni delle prime volte, come quando hai mangiato la prima mela, lo svezzamento, il primo dentino, il primo taglio di capelli, i primi passi…le prime parole.

Un consiglio per le neo mamme?
Passate sempre del tempo buono con loro anche davanti alle difficoltà. Parlategli, toccatelo, rispondete ai suoi richiami, sorridetegli e massaggiatelo.

Il primo anno sarà bello e faticoso e la difficoltà maggiore sarà il sonno ma anche il conoscersi.

Il primo traguardo più importante per la nostra vita familiare, è stato intorno al quarto mese con lo svezzamento dove finalmente con la pancia piena sono partiti i ritmi nel dormire.

Ma il primo anno di vita e' veramente un universo che si amplia costantemente: il "piccolo tirannino" si muove da solo, inizia a mangiare da solo ma soprattutto inizia ad essere più autonomo e a comunicare con gli altri.

Impara a gattonare (anche se non tutti lo fanno!) fino ad arrivare a camminare, da solo.

 La personalità? ha profonde trasformazioni.

Prime parole, primi traguardi, dall'inserimento all'asilo elle prime amicizie: è tutta un'emozione!

Cap. X

Diario di un papà…..

Quando sei nato, io in sala parto ho pianto dall'emozione. L'adrenalina saliva a mille e per tutta la notte non ho dormito col pensiero di rivederti.

Il mio primo appuntamento con te, mi ha fatto sentire inadatto perché non sapevo neanche come tenerti in braccio e tu hai iniziato a singhiozzare.

Nel percorso ospedale- casa, pensavo di portare la "nitroglicerina" tanto eri delicato.

Il primo giorno a casa, ci siamo guardati e tu con gli occhi mi hai quasi detto: "Lo metti o no questo pannolone? Ne sei capace vero?".

Il mio terrore: l'ombelico, e la medicazione.
Ho quasi preso il goniometro per fartelo bello!

Poi ho capito che la mia vita era veramente cambiata. Soprattutto il mio concetto del sonno. Hai fatto di tutto per tenermi sveglio. E ci sei sempre riuscito!

La sera con le colichette, il ruttino , la tua difficoltà al sonno e soprattutto...hai rapito mia moglie.

Scaldare il latte artificiale e le sue difficilissime dosi, mai quanto la temperatura giusta per te.

Il tuo primo bagnetto?
Mi ricordo che ho allertato la guardia costiera tanto il terrore che ti accadesse qualcosa.

La prima uscita fuori casa, è stata quasi come andare sull'Imalaya, mancavano solo gli Sherpa.

Abbiamo portato di tutto di più per paura che ti potesse mancare qualcosa per il breve tragitto.

Ma con il passare del tempo sei tu che mi hai insegnato il mestiere del padre...il più bello del mondo!

Cap. XI

"Tsunami figlio":

la coppia che sopravvive

(parla lo psicologo-psicoterapeuta Dr. Paolo Fuligni)

Qual è il segreto per mantenere in piedi un buon matrimonio con la presenza di uno o più figli?

«Ammesso che un "buon matrimonio" voglia semplicemente indicare un'unione di coppia che - fino all'arrivo del figlio - funzionava con reciproca soddisfazione, il problema è quello di affrontare esplicitamente il terremoto prodotto dall'ingresso del figlio nella vita dei genitori.

Mi spiego meglio: tutti (o quasi) concordano nel considerare l'arrivo del bambino come una grande gioiosa emozione, una delle più importanti della vita.

Benissimo; tuttavia ciò non basta a "cancellare" tutte le fatiche, deprivazioni e costrizioni che oggettivamente ne derivano; notti insonni, preoccupazioni d'ogni genere, stress, sconvolgimento delle abitudini quotidiane e della sfera relazionale, pericoloso contatto coi nonni, polverizzazione dell'intimità.

Certo, si minimizza e si porta tutto avanti a fronte del maggior valore che si attribuisce alla nascita, ma... talvolta si scopre di aver sottovalutato l'impatto.

Quando "Lei", o "Lui", o magari ambedue, si spendono totalmente nella cura del figlio "dimenticando" sia le proprie comuni necessità, sia quelle del partner, in un tempo relativamente breve la faccenda si fa pericolosa. Ben noto il caso di Lui che si sente trascurato e abbandonato e che diviene geloso del figlio.

Altrettanto quello di Lei che si scopre sempre più sola – perché Lui se la squaglia, non ritenendosi titolare dell'accudimento del bambino - e sempre più schiava del figlio e azzerata come persona. Ma c'è anche la coppia genitoriale che si trasforma in squadra iper-efficiente votata alla cura dei figli e della casa; quelli che assolutamente non vogliono affidare i bambini ai nonni e men che mai alla baby-sitter.

Quelli che "Noi non usciamo mai senza i nostri figli" e che hanno una casa assolutamente perfetta, un rendimento lavorativo eccezionale e trascorrono tutte le ore libere ad insegnare qualcosa ai bambini.

Tutto molto bello? Sì, anche troppo forse. Il rischio è che cessino di essere una coppia, di avere una complicità e un'intimità.

E intimità vuol dire "ambito psico-fisico e relazionale *esclusivo*". Anche il figlio, il meraviglioso figlio, in questo spazio intimo è un intruso.

La coppia è origine e fondamento della famiglia; è necessario darle *esplicitamente* spazio e valore, anche in questo importante/difficile tempo. Perché se poi la coppia non sopravvive, anche per i figli qualche problema ci sarà».

Quali sono i sentori di una crisi di coppia. Come combatterla?

«Il segnale numero 1 è quello che potremmo chiamare "la distanza"; fino a ieri si provava il desiderio, il bisogno frequente di contatto col partner. Di persona naturalmente, ma anche con la telefonata o il messaggino o, semplicemente, col pensiero.

Poi comincia a prevalere un senso di inquietudine, la voglia di star per conto proprio, di far cose da soli, una sensazione di "chiusura" al momento di rientrare in casa.

Spesso, per la donna, un sentimento di insofferenza verso il figlio – cosa di cui si colpevolizza – e di crescente irritazione per il compagno che è fuori a farsi i fatti propri e che quando rientra accende la televisione o il computer ed è "tanto stanco" per il lavoro.

Lui si sente ridotto a prestatore di servizi, oltretutto richiesti con malagrazia e irritazione, e sostanzialmente emarginato dalla dimensione domestica.

La distanza si sa dove comincia ma, ahimé, non dove va a finire. Accorgersi della distanza, capirla – anziché semplicemente far finta di niente o peggio ancora stizzirsi – e provvedere a recuperare la famosa "intimità".

 Spesso si usa la parola intimità per indicare la relazione sessuale; in realtà, come detto prima, tale espressione indica la magica ed esclusiva sfera - emotiva, sensuale, complice - della coppia; un bene prezioso da non trascurare mai».

Qualche consiglio per educare un figlio

«Educare, parola bella e oscura, troppo spesso fraintesa. Cerchiamo di star lontani dalle numerose ideologie in materia; educare non è semplicemente "ex ducere" - cioè tirar fuori socraticamente dai bambini le loro nascoste potenzialità – e nemmeno "indottrinare" secondo un modello astrattamente valido di matrice religiosa e/o tradizionale della serie "in casa nostra si è sempre fatto così..".

Il bambino va guidato e va socializzato; bisogna fargli scoprire il mondo, ma in sicurezza, e bisogna fargli capire che di quel mondo è parte e che in esso deve imparare a vivere.

 Non è il centro del mondo il bambino, ne è parte, appunto. Educare vuol dire aiutare il bambino a farsi strada nell'ambiente fisico e sociale; quello reale, quello di oggi, non quello di quando eravate bambini voi o quello che vorreste che fosse.

Educare vuol dire fornire conoscenze ed esperienze e, progressivamente, sulla base di queste, stimolare l'autonomia.

Tutelare, proteggere sì, ma senza soffocare. Rimproverare, quando serve, sì, ma senza schiacciare né sopraffare. Scusate l'espressione trita e antiquata: si educa in primo luogo con l'esempio.

Non i nostri "valori" – qualunque cosa siano – trasmettiamo ai figli, ma i nostri "modelli comportamentali".

Se siamo un po' disonesti nel lavoro, un tantino scorretti con gli amici e apertamente antisociali alla guida dell'auto – qualunque cosa diciamo loro – non ci aspettiamo di avere dei figli migliori di noi».

Diversità tra l'uomo e la donna: il ruolo del padre oggi

Il ruolo di una madre oggi (al passo con i tempi...)

«Ma, a dirsi sembrerebbe semplice: basta che una donna si ricordi di essere "anche" una madre.

Il pericolo è il totalitarismo della maternità. Tra vecchi modelli patriarcali e moderni sensi di esasperata responsabilità, la donna può essere totalmente "risucchiata" nel ruolo di madre, svuotata di ogni altro interesse e contenuto, scippata della sua identità; mai sia! Penso a certi allattamenti al seno protratti per anni sulla scia dell'ideologia postmoderna che "più lo allatti meglio è".

Ma stiamo fuori da ogni fanatismo, per favore, che non esistono fanatismi positivi.

Buono, sano e utile l'allattamento al seno *per un periodo di tempo ragionevole.*

Poi, nel congiunto interesse del bambino, della madre e della coppia, passiamo a più evolute forme di nutrizione. Le donne non sono mucche.

Una donna è una persona, una lavoratrice, una cittadina, una partner e anche – anche! - una madre.

La cancelliera tedesca Angela Merkel ha tre figli, vero?

Il padre oggi potrebbe essere definito "una madre maschio". Non omologato alla madre - il maschile e il femminile sono *pari*, non sono *uguali* – ma ad essa perfettamente alternativo per accudimento, mansioni domestiche, affettuosa protezione, gioco e compagnia.

Guai a quei padri che – oggi – ritengano di "aiutare" la madre con i figli; non di *aiuto* trattasi ma di necessaria, responsabile *condivisione*.

Guai a quelle madri che dicono ai figli "guarda che stasera lo dico a papà"; in una frase tutto il peggio delle stereotipie dei ruoli e tutto l'avvilimento della figura femminile a fronte di un maschile "potente" ma anche "minaccioso". Certi errori non si devono fare più».

Rapporto tra coppia e famiglia di origine. cosa fare?

«I nonni, come sono importanti! E come sono preziosi se rispettano scrupolosamente le idee dei novelli genitori in materia di accudimento ed educazione.

Cari nonni, voi potete essere di grande, eccezionale aiuto. Voi sì, voi *aiutate*; non siete i titolari dell'impresa, siete preziosi sostituti, occasionali consulenti.

Non cercate – travolti dalla tenerezza e dall'affetto per quel delizioso bambino – di usurpare il ruolo dei genitori; voi quella parte la avete già vissuta e non vi potete appropriare di quella dei vostri figli.

Pensate di essere più esperti, più competenti; in parte è vero ma, attenzione, il mondo oggi cambia a una velocità pazzesca.

Tante cose che erano "giuste" ai vostri tempi, oggi potrebbero non esserlo più.

Tante risorse contemporanee ai vostri tempi non c'erano, ma questo non vuol dire che oggi non siano utili o necessarie.

Le innovazioni, anche in settori sensibili alle tradizioni come l'accudimento dei bambini, non sono necessariamente delle stupidaggini moderne. Rispettate i genitori, ancorché nuovi e inesperti, e fatevi da essi rispettare; offrite aiuto in base alla necessità, ma anche salvaguardando la vostra vita e le vostre esigenze.

Il senso del limite – in ogni e qualsivoglia vicenda della vita – è sempre un confine da non dimenticare mai».

Cap. XII
I "terribili" due anni

Cara manina, bella manina, dove sei stata?

Cosa hai mangiato?

Polenta e ciccin.

Gratin, gratin, gratin

(mia madre)

All'inizio del suo secondo anno di vita il bambino ha già fatto delle importanti acquisizioni.

Anche se ancora non parla, a tredici mesi circa capirà semplici ordini o domande.

L'attività che più lo interessa consiste nello svuotare scatole e cassetti, si muoverà per casa come un esploratore e naturalmente verrà continuamente o quasi fermato con un "no".

Sappiate che un bambino per crescere sano ha bisogno di essere contenuto e che i "no" sono momenti importanti di questo contenimento.

Dando al bambino dei divieti e delle regole lo si fa sentire protetto e circondato da persone adulte che si interessano del suo bene.

Naturalmente ci vuole molta pazienza da parte vostra ed ogni volta che dovrete allontanare vostro figlio da un oggetto pericoloso è molto importante che cerchiate comunque di distrarlo mostrandogliene un altro.

In questo secondo anno avviene un importante processo di separazione-individuazione del bambino caratterizzato da una continua opposizione e dai continui "no" che il bimbo contrappone alle richieste degli adulti.

Sappiate che anche se vi mette a dura prova, questo momento è di particolare importanza per la sua crescita.

Un bambino lasciato libero di sperimentare la sua capacità di opposizione diventa un adulto maggiormente sicuro di sé.

Ovviamente questo non significa che dovrete dargliele tutte vinte.

Semplicemente dovrete cercare la giusta misura, dando regole ferme a seconda di quella che è la vostra visione del mondo vale a dire le regole che ritenete necessarie che vostro figlio impari per vivere nel mondo rispettando se stesso e quelli che gli stanno accanto.

Le regole non devono essere necessariamente tante, l'importante è che vengano seguite sempre senza eccezioni per non confondere il bambino.

In questo periodo vostro figlio tenderà a sfidarvi e sfinirvi con i capricci.

Gli servono per vedere fin dove può estendersi il suo "potere" nei vostri confronti, stabilite un limite che deve coincidere con il vostro limite di sopportazione.

Sappiate che se voi siete determinati e decisi il bambino imparerà presto a non eccedere nelle richieste e sarà un bambino che si sente protetto e amato da genitori che lo circondano con il loro affetto e lo contengono impedendogli di disperdersi nel mare di desideri a cui non sa dare un nome preciso.

Caratteristica di questo periodo è anche la nascita del desiderio di autonomia, il bambino desidera fare tutto da solo e tende a rifiutare l'aiuto dell'adulto. La mattina ad esempio, dovrete armarvi di tanta pazienza e probabilmente alzarvi prima perchè lui vorrà vestirsi da solo.

Cercate nel limite del possibile di non ostacolare questo desiderio di indipendenza poiché è molto importante per la sua futura autonomia non solo dal punto di vista fisico ma anche da quello psicologico.

I tempi in cui richiede la vostra attenzione aumentano nel corso del secondo anno, gli piace essere ascoltato quando parla, essere guardato quando gioca.

Fa cadere gli oggetti dal seggiolone e vuole che glieli raccogliate. Il gioco gli serve per misurare le distanze.

Fa parte di un momento del suo sviluppo, non cadete nell'errore di credere che lo faccia dispettosamente per vedervi chinati a raccoglierli.

Dite comunque basta quando siete stanchi e distraete il bambino con un'altra attività.

In questo periodo dà i suoi giochi agli altri bambini ma li rivuole immediatamente indietro.

Gli piace stare in compagnia degli altri bimbi ma non gioca con loro in modo interattivo.

I bimbi di questa età fanno un gioco cosiddetto parallelo cioè amano giocare lo stesso gioco vicini, ma ognuno per proprio conto.

Assisterete in questo periodo a vere e proprie crisi di rabbia quando contrarierete vostro figlio.

Come ho già detto è questo il periodo di affermazione della sua personalità autonoma e lui utilizzerà tutti i mezzi immaginabili per dosare le sue possibilità nel mondo.

Si presentano in questo periodo anche gli incubi mentre dorme; non devono destarvi particolare preoccupazione, poiché fanno parte di questo momento dello sviluppo.

Gli incubi segnalano la capacità di trasformare la realtà in fantasia, a volte essa è talmente forte da provocare confusione tra realtà e fantasia.

E' necessaria tanta pazienza, non dovete comunque mostrarvi sbrigativi di fronte a vostro figlio che si sveglia piangente e spaventato nel cuore della notte, la cosa migliore da fare è aiutarlo a trovare il "mostro" e gettarlo dalla finestra...

A questa età il bambino ha ancora molta paura del distacco, quando si trova in ambienti nuovi desidera fortemente esplorarli ma nello stesso tempo ha paura di "perdere" la mamma per cui sovente lo si vede gironzolare e poi voltarsi e correre velocemente dalla sua mamma.

L'ora della nanna diventa un momento di no, lotta e capricci e i genitori sono messi a dura prova, dovete farvi vedere determinati poiché questo è un altro dei tentativi che vostro figlio mette in atto per misurare la sua indipendenza.

Mettete delle regole, si va a letto sempre alla stessa ora e create un rituale che rassicuri il bambino come leggergli un piccola fiaba o cantargli una canzone.

Al termine del suo secondo anno il bambino avrà imparato a giocare da solo, ad imitare nel gioco situazioni reali come rispondere al telefono come vede fare dagli adulti, inventerà giochi fantastici per cui una scopa potrà diventare un cavallo dando spazio alla sua fantasia.

Metterà a dura prova chi lo circonda per misurare la forza della sua personalità, imparerà a parlare utilizzando frasi compiute e a correre.

A mangiare da solo ed infine, acquisirà la capacità di controllo degli sfinteri e utilizzerà il vasino per fare i suoi bisogni.

A questo proposito è bene sapere che il bambino non potrà imparare ad usare il vasino prima che il suo sistema nervoso sia giunto alla necessaria maturazione per questa operazione; tale maturità si colloca appunto sui due anni.

Un'educazione al vasino prima di questa età, può portare a problematiche nella personalità adulta .

Sull'argomento "vasino" vogliamo consigliarvi i seguenti libri da sfogliare insieme a vostro figlio; "Il vasino di Andrea",Francesca Allen e Felicity Brooks, illustrazioni di Rachel Wells, Usborne.

"I senza parole" Emanuela Nava (storia), Desideria Guicciardini (illustrazioni),edizioni Lapis

"Le cacche del coniglio Pittau", Gervais, Editore il Castoro

Ascoltando i segnali che vostro figlio vi manda, come sempre potrete sapere qual è il momento e la cosa più giusta da fare.

CAP.XIII

Siamo arrivati a tre anni!

Ambarababà cicci coccò

tre civette sul comò,

che facevano l'amore con la figlia del dottore.

Il dottore si ammalò,

ambarabà cicci coccò

Ed ecco è arrivato un grande traguardo, i tre anni sono importanti per molti motivi.

Il bambino è adesso in grado di fare molte cose ma soprattutto ha acquisito una certa indipendenza e i ruoli familiari sono adesso più leggeri per tutti.

Nella maggior parte dei casi il sonno si è ormai stabilizzato e le principali acquisizioni conquistate; cammina, corre, salta e parla in continuazione, affascinato dai mille perché che la vita gli pone davanti.

Con l'inizio della scuola d'infanzia, partono le prime amicizie importanti.

Il gioco da "parallelo" diviene man mano "cooperativo" e il bambino scopre l'altro nella sua individualità; con le prime amicizie nascono anche i primi conflitti.

Sappiate però che i bambini spesso sono in grado di risolverli da soli e nel modo migliore quando gli adulti non intervengono.

Adesso potrete riavere un po' di tempo per voi sia come coppia che come singoli e ricominciare magari a dedicarvi a quello che vi piaceva fare prima di rimanere incinta.

Da qui in poi il bimbo correrà con gioia verso la sua indipendenza per essere autonomo nel mondo, sta a voi sorreggerlo senza limitarlo, contenerlo senza imprigionarlo, guardandolo da dietro che potrebbe sempre aver bisogno del vostro aiuto, lasciandolo libero di correre incontro alla vita ed alle sue mille meravigliose promesse...

...Dedicato ai figli che con il loro arrivo, riescono a creare nuove famiglie e mettono diverse generazioni a confronto.

A tutti quei figli che incollano nuovi ruoli ed uniscono famiglie con il loro cammino in un unico percorso...

Cap. XIV

Appendice

Decreto Legislativo 26 marzo 2001, n. 151

"Testo unico delle disposizioni legislative in materia di tutela e sostegno della maternità e della paternità, a norma dell'articolo 15 della legge 8 marzo 2000, n. 53"

(Pubblicato nella Gazzetta Ufficiale n. 96 del 26 aprile 2001 - Supplemento Ordinario n. 93)

Nota: si segnalano in particolare i seguenti articoli:

Testo coordinato del

Decreto Legislativo 26 marzo 2001, n. 151

(pubblicato nel Suppl. ord. alla Gazzetta Ufficiale – Serie generale – n. 96 del 26.4.2001)

con il

Decreto Legislativo 23 aprile 2003, n. 115

(pubblicato nella Gazzetta Ufficiale – Serie generale – n. 121 del 27.5.2003)

Testo unico delle disposizioni legislative in materia di tutela e di sostegno della maternità e della paternità a norma dell'art. 15 della legge 8 marzo 2000, n. 53

Il PRESIDENTE DELLA REPUBBLICA

Visto l'articolo 87 della Costituzione;

Visto l'articolo 15 della legge 8 marzo 2000, n. 53, recante delega al Governo per l'emanazione di un decreto legislativo contenente il testo unico delle disposizioni legislative in materia di tutela e di sostegno della maternità e della paternità, nel quale devono essere riunite e coordinate tra loro le disposizioni vigenti in materia, apportando, nei limiti di detto coordinamento, le modifiche necessarie per garantire la coerenza logica e sistematica della normativa, anche al fine di adeguare e semplificare il linguaggio normativo;

Vista la legge 23 agosto 1988, n. 400;

Vista la deliberazione preliminare del Consiglio dei Ministri, adottata nella riunione del 15 dicembre 2000;

Udito il parere del Consiglio di Stato, espresso dalla Sezione consultiva per gli atti normativi nell'adunanza del 15 gennaio 2001;

Acquisito il parere delle competenti Commissioni parlamentari;

Vista la deliberazione definitiva del Consiglio dei Ministri, adottata nella riunione del 21 marzo 2001;

Sulla proposta del Ministro per la solidarietà sociale, di concerto con i Ministri del lavoro e della previdenza sociale, della sanità, per le pari opportunità e per la funzione pubblica;

emana il seguente

decreto legislativo

TESTO UNICO DELLE DISPOSIZIONI LEGISLATIVE IN MATERIA DI TUTELA E SOSTEGNO DELLA MATERNITA' E DELLA PATERNITA'

CAPO I - DISPOSIZIONI GENERALI

Articolo 1 - Oggetto

Articolo 2 - Definizioni

Articolo 3 - Divieto di discriminazione

Articolo 4 - Sostituzione di lavoratrici e lavoratori in congedo

Articolo 5 - Anticipazione del trattamento di fine rapporto

Capo II - TUTELA DELLA SALUTE DELLA LAVORATRICE

Articolo 6 - Tutela della sicurezza e della salute

Articolo 7 - Lavori vietati

Articolo 8 - Esposizione a radiazioni ionizzanti

Articolo 9 - Polizia di Stato, penitenziaria e municipale

Articolo 10 - Personale militare femminile

Articolo 11 - Valutazione dei rischi

Articolo 12 - Conseguenze della valutazione

Articolo 13 - Adeguamento alla disciplina comunitaria

Articolo 14 - Controlli prenatali

Articolo 15 - Disposizioni applicabili

CAPO III - CONGEDO DI MATERNITA'

Articolo 16 - Divieto di adibire al lavoro le donne

Articolo 17 - Estensione del divieto

Articolo 18 - Sanzioni

Articolo 19 - Interruzione della gravidanza

Articolo 20 - Flessibilità del congedo di maternità

Articolo 21 - Documentazione

Articolo 22 - Trattamento economico e normativo

Art. 7 - Lavori vietati
(Legge 30 dicembre 1971, n. 1204, artt. 3, 30, comma 8, e 31, comma 1;

Decreto legislativo 25 novembre 1996, n. 645, art. 3;

Legge 8 marzo 2000, n. 53, art. 12, comma 3)

1. È' vietato adibire le lavoratrici al trasporto e al sollevamento di pesi, nonché ai lavori pericolosi, faticosi ed insalubri. I lavori pericolosi, faticosi ed insalubri sono indicati dall'articolo 5 del d.P.R. 25 novembre 1976, n. 1026, riportato nell'allegato A del presente testo unico. Il Ministro del lavoro e della previdenza sociale, di concerto con i Ministri della sanità e per la solidarietà sociale, sentite le parti sociali, provvede

ad aggiornare l'elenco di cui all'allegato A.

2. Tra i lavori pericolosi, faticosi ed insalubri sono inclusi quelli che comportano il rischio di esposizione agli agenti ed alle condizioni di lavoro, indicati nell'elenco di cui all'allegato B.

3. La lavoratrice è addetta ad altre mansioni per il periodo per il quale è previsto il divieto.

4. La lavoratrice è, altresì, spostata ad altre mansioni nei casi in cui i servizi ispettivi del Ministero del lavoro, d'ufficio o su istanza della lavoratrice, accertino che le condizioni di lavoro o ambientali sono pregiudizievoli alla salute della donna.

5. La lavoratrice adibita a mansioni inferiori a quelle abituali conserva la retribuzione corrispondente alle mansioni precedentemente svolte, nonché la qualifica originale. Si applicano le disposizioni di cui all'articolo 13 della legge 20 maggio 1970, n. 300, qualora la lavoratrice sia adibita a mansioni equivalenti o superiori.

6. Quando la lavoratrice non possa essere spostata ad altre mansioni, il servizio ispettivo del Ministero del lavoro, competente per territorio, può disporre l'interdizione dal lavoro per tutto il periodo di cui al presente Capo, in attuazione di quanto previsto all'articolo 17.

7. L'inosservanza delle disposizioni contenute nei commi 1, 2, 3 e 4 è punita con l'arresto fino a sei mesi.

Art. 20 - Flessibilità del congedo di maternità
(Legge 30 dicembre 1971, n. 1204, art. 4-bis; Legge 8 marzo 2000, n. 53, art. 12, comma 2)

1. Ferma restando la durata complessiva del congedo di maternità, le lavoratrici hanno la facoltà di astenersi dal lavoro a partire dal mese precedente la data presunta del parto e nei quattro mesi successivi al parto, a condizione che il medico specialista del Servizio sanitario nazionale o con esso convenzionato e il medico competente ai fini della prevenzione e tutela della salute nei luoghi di

lavoro attestino che tale opzione non arrechi pregiudizio alla salute della gestante e del nascituro.

2. Il Ministro del lavoro e della previdenza sociale, di concerto con i Ministri della sanità e per la solidarietà sociale, sentite le parti sociali, definisce con proprio decreto l'elenco dei lavori ai quali non si applicano le disposizioni del comma 1.

Art. 21 - Documentazione
(Legge 30 dicembre 1971, n. 1204, artt. 4, comma 5, e 28)

1. Prima dell'inizio del periodo di divieto di lavoro di cui all'articolo 16, lettera a), le lavoratrici devono consegnare al datore di lavoro e all'istituto erogatore dell'indennità di maternità il certificato medico indicante la data presunta del parto. La data indicata nel certificato fa stato, nonostante qualsiasi errore di previsione.

2. La lavoratrice è tenuta a presentare, entro trenta giorni, il certificato di nascita del figlio, ovvero la dichiarazione sostitutiva, ai sensi dell'articolo 46 del decreto del Presidente della Repubblica 28 dicembre 2000, n. 445.

CAPO IV - CONGEDO DI PATERNITA'

Art. 28 - Congedo di paternità
(Legge 9 dicembre 1977, n. 903, art. 6-bis, commi 1, 2)

1. Il padre lavoratore ha diritto di astenersi dal lavoro per tutta la durata del congedo di maternità o per la parte residua che sarebbe spettata alla lavoratrice, in caso di morte o di grave infermità della madre ovvero di abbandono, nonché in caso di affidamento esclusivo del bambino al padre.

2. Il padre lavoratore che intenda avvalersi del diritto di cui al comma 1 presenta al datore di lavoro la certificazione relativa alle condizioni ivi previste. In caso di abbandono, il padre lavoratore ne rende dichiarazione ai sensi dell'articolo 47 del decreto del Presidente della Repubblica 28 dicembre 2000, n. 445.

CAPO VI – RIPOSI, PERMESSI E CONGEDI

Art. 39 - Riposi giornalieri della madre
(Legge 30 dicembre 1971, n. 1204, art. 10)

1. Il datore di lavoro deve consentire alle lavoratrici madri, durante il primo anno di vita del bambino, due periodi di riposo, anche cumulabili durante la giornata. Il riposo è uno solo quando l'orario giornaliero di lavoro è inferiore a sei ore.

2. I periodi di riposo di cui al comma 1 hanno la durata di un'ora ciascuno e sono considerati ore lavorative agli effetti della durata e della retribuzione del lavoro. Essi comportano il diritto della donna ad uscire dall'azienda.

3. I periodi di riposo sono di mezz'ora ciascuno quando la lavoratrice fruisca dell'asilo nido o di altra struttura idonea, istituiti dal datore di lavoro nell'unità produttiva o nelle immediate vicinanze di essa.

Art. 40 - Riposi giornalieri del padre
(Legge 9 dicembre 1977, n. 903, art. 6-ter)

1. I periodi di riposo di cui all'articolo 39 sono riconosciuti al padre lavoratore:

a) nel caso in cui i figli siano affidati al solo padre;

b) in alternativa alla madre lavoratrice dipendente che non se ne avvalga;

c) nel caso in cui la madre non sia lavoratrice dipendente;

d) in caso di morte o di grave infermità della madre.

CAPO IX - DIVIETO DI LICENZIAMENTO, DIMISSIONI E DIRITTO AL RIENTRO

Art. 54 - Divieto di licenziamento

(Legge 30 dicembre 1971, n. 1204, art. 2, commi 1,2, 3, 5, e art. 31, comma 2;

Legge 9 dicembre 1977, n. 903, art. 6-bis, comma 4;

Decreto legislativo 9 settembre 1994, n. 566, art. 2, comma 2;

Legge 8 marzo 2000, n. 53, art. 18, comma 1)

1. Le lavoratrici non possono essere licenziate dall'inizio del periodo di gravidanza fino al termine dei periodi di interdizione dal lavoro previsti dal Capo III, nonché fino al compimento di un anno di età del bambino.

2. Il divieto di licenziamento opera in connessione con lo stato oggettivo di gravidanza, e la lavoratrice, licenziata nel corso del periodo in cui opera il divieto, è tenuta a presentare al datore di lavoro idonea certificazione dalla quale risulti l'esistenza, all'epoca del licenziamento, delle condizioni che lo vietavano.

3. Il divieto di licenziamento non si applica nel caso:

a) di colpa grave da parte della lavoratrice, costituente giusta causa per la risoluzione del rapporto di lavoro;

b) di cessazione dell'attività dell'azienda cui essa è addetta;

c) di ultimazione della prestazione per la quale la lavoratrice è stata assunta o di risoluzione del rapporto di lavoro per la scadenza del termine;

d) di esito negativo della prova; resta fermo il divieto di discriminazione di cui all'art. 4 della legge 10 aprile 1991, n. 125, e successive modificazioni.

4. Durante il periodo nel quale opera il divieto di licenziamento, la lavoratrice non può essere sospesa dal lavoro, salvo il caso che sia sospesa l'attività dell'azienda o del reparto cui essa è addetta, sempreché il reparto stesso abbia autonomia funzionale. La lavoratrice non può altresì essere collocata in mobilità a seguito di licenziamento

collettivo ai sensi della legge 23 luglio 1991, n. 223 e successive modificazioni, **salva l'ipotesi di collocamento in mobilità a seguito della cessazione dell'attività dell'azienda di cui al comma 3, lettera b)**.

5. Il licenziamento intimato alla lavoratrice in violazione delle disposizioni di cui ai commi 1, 2 e 3, è nullo.

6. E' altresì nullo il licenziamento causato dalla domanda o dalla fruizione del congedo parentale e per la malattia del bambino da parte della lavoratrice o del lavoratore.

7. In caso di fruizione del congedo di paternità, di cui all'articolo 28, il divieto di licenziamento si applica anche al padre lavoratore per la durata del congedo stesso e si estende fino al compimento di un anno di età del bambino. Si applicano le disposizioni del presente articolo, commi 3, 4 e 5.

8. L'inosservanza delle disposizioni contenute nel presente articolo è punita con la sanzione amministrativa da lire due milioni a lire cinque milioni. Non è ammesso il pagamento in misura ridotta di cui all'articolo 16 della legge 24 novembre 1981, n. 689.

9. Le disposizioni del presente articolo si applicano anche in caso di adozione e di affidamento. Il divieto di licenziamento si applica fino a un anno dall'ingresso del minore nel nucleo familiare, in caso di fruizione del congedo di maternità e di paternità.

Art. 56 - Diritto al rientro e alla conservazione del posto
(Legge 30 dicembre 1971, n. 1204, art. 2, comma 6;

Legge 8 marzo 2000, n. 53, art. 17, comma 1)

1. Al termine dei periodi di divieto di lavoro previsti dal Capo II e III, le lavoratrici hanno diritto di conservare il posto di lavoro e, salvo che espressamente vi rinuncino, di rientrare nella stessa unità produttiva ove erano occupate all'inizio del periodo di gravidanza o in altra ubicata nel medesimo comune, e di permanervi fino al compimento di un anno di età del bambino; hanno altresì diritto di essere adibite alle mansioni da ultimo svolte o a mansioni equivalenti.

2. La disposizione di cui al comma 1 si applica anche al lavoratore al rientro al lavoro dopo la fruizione del congedo di paternità.

3. Negli altri casi di congedo, di permesso o di riposo disciplinati dal presente testo unico, la lavoratrice e il lavoratore hanno diritto alla conservazione del posto di lavoro e, salvo che espressamente vi rinuncino, al rientro nella stessa unità produttiva ove erano occupati al momento della richiesta, o in altra ubicata nel medesimo comune; hanno altresì diritto di essere adibiti alle mansioni da ultimo svolte o a mansioni equivalenti.

4. Le disposizioni del presente articolo si applicano anche in caso di adozione e di affidamento. Le disposizioni di cui al comma 1 e 2 si applicano fino a un anno dall'ingresso del minore nel nucleo familiare.

4-bis. L'inosservanza delle disposizioni contenute nel presente articolo è punita con la sanzione amministrativa di cui all'articolo 54, comma 8. Non è ammesso il pagamento in misura ridotta di cui all'articolo 16 della legge 24 novembre 1981, n. 689.

Cap. XV

Ministero del Lavoro, della Salute e delle Politiche Sociali

DIPARTIMENTO DELLA PREVENZIONE E DELLA COMUNICAZIONE

DIREZIONE GENERALE DELLA PREVENZIONE SANITARIA

UFFICIO VIII -SETTORE SALUTE

Ordinanza del Ministro recante: " Disposizioni in materia di conservazione di cellule staminali da sangue del cordone ombelicale".

IL MINISTRO DEL LAVORO, DELLA SALUTE E DELLE POLITICHE SOCIALI

VISTO l'art. 32 della legge 23 dicembre 1978, n. 833;

VISTA la legge 21 ottobre 2005, n. 219 recante:"Nuova disciplina delle attività trasfusionali e della produzione nazionale degli emoderivati", che regola nel suo ambito anche le cellule staminali emopoietiche, autologhe, omologhe e cordonali, e che, all'art. 27, c. 2, prevede che fino alla data di entrata in vigore dei decreti di attuazione previsti dalla medesima restano vigenti i decreti di attuazione della legge 4 maggio 1990, n. 107;

VISTO il decreto legislativo 30 dicembre 1992, n. 502 e successive modificazioni e integrazioni, ed in particolare l'art. 4, c. 12;

VISTO il decreto ministeriale 3 marzo 2005, recante "Caratteristiche e modalità per la donazione di sangue e di emocomponenti", pubblicato nella G.U. del 13 aprile 2005, n. 85;

VISTO il decreto ministeriale 3 marzo 2005, recante "Protocolli per l'accertamento della idoneità del donatore di sangue e di emocomponenti", pubblicato nella G.U. del 13 aprile 2005, n. 85 e sue successive modificazioni;

VISTO il decreto ministeriale 7 settembre 2000, recante "Disposizioni sull'importazione ed esportazione del sangue umano e dei suoi prodotti per uso terapeutico, profilattico e diagnostico", pubblicato nella G.U. del 23 ottobre 2000, n. 248;

VISTO il decreto del Presidente del Consiglio dei Ministri 1° settembre 2000, recante "Atto di indirizzo e coordinamento in materia di requisiti strutturali, tecnologici ed organizzativi minimi per l'esercizio delle attività sanitarie relative alla medicina trasfusionale", pubblicato nella G.U. del 23 novembre 2000, n°274;

VISTO l'Accordo 10 luglio 2003 tra il Ministro della Salute, le Regioni e le Province autonome di Trento e di Bolzano sul documento recante: "Linee-guida in tema di raccolta, manipolazione e impiego clinico delle cellule staminali emopoietiche (CSE)", pubblicato nella G.U. del 30 settembre 2003, n°227, ed in particolare le linee-guida riportate nell'allegato al suddetto Accordo, di cui costituisce parte integrante, che descrivono gli standard qualitativi ed operativi, coerenti con gli standard internazionali, relativi alle strutture che effettuano procedure di prelievo, conservazione, processazione e trapianto di cellule staminali emopoietiche provenienti da donatore autologo od allogenico o dalla donazione di cordone ombelicale;

VISTO l'Accordo 23 settembre 2004 tra il Ministro della Salute, le Regioni e le Province autonome di Trento e di Bolzano sul documento recante: "Linee-guida sulle modalità di disciplina delle attività di reperimento, trattamento, conservazione e distribuzione di cellule e tessuti umani a scopo di trapianto", in attuazione dell'articolo 15, comma 1 della Legge 1 aprile 1999, n. 91;

VISTO l'Accordo 5 ottobre 2006, ai sensi dell'articolo 4 del decreto legislativo 28 agosto 1997, n. 281, tra il Governo, le Regioni e le Province Autonome in materia di ricerca e reperimento di cellule staminali emopoietiche presso registri e banche italiane ed estere;

VISTO il Decreto Legislativo 6 novembre 2007, n. 191, con cui è stata recepita la Direttiva 2004/23/CE, sulla definizione delle norme di qualità e sicurezza per la donazione, l'approvvigionamento, il controllo, la lavorazione, la conservazione, lo stoccaggio e la distribuzione di tessuti e cellule umani;

CONSIDERATO che il trapianto allogenico di cellule staminali emopoietiche da sangue del cordone ombelicale in campo terapeutico si è rivelato prezioso per la cura di diverse malattie quali leucemie, linfomi, talassemie e alcune gravi carenze del sistema immunitario;

CONSIDERATO l'interesse e l'impegno del mondo scientifico internazionale ad esplorare altri possibili orizzonti che aprano a nuovi percorsi terapeutici l'impiego di cellule staminali da sangue cordonale, che a tutt'oggi appaiono ancora lontani;

CONSIDERATO che, nonostante le informazioni diffuse dai mass media promuoventi la conservazione del sangue cordonale per un possibile futuro uso proprio (autologo), la mancanza di protocolli terapeutici specifici su detto uso autologo e di dati scientifici a sostegno di questa ipotesi in ordine, fra l'altro, alla funzionalità delle cellule dopo conservazione per molti anni o decenni, alla continuità ed affidabilità nel tempo dei programmi di conservazione, rendono oggi tale attività di raccolta ad uso autologo ancora gravata da rilevanti incertezze in ordine alla capacità di soddisfare eventuali esigenze terapeutiche future;

CONSIDERATO che nell'ambito della donazione pubblica è già contemplata e correttamente praticata la raccolta del sangue cordonale per uso cosiddetto "dedicato", ovvero conservato esclusivamente per quel bambino o per quella famiglia, nella quale già esiste una patologia o il rischio di avere ulteriori figli affetti da malattie geneticamente determinate, riconosciuti essere suscettibili di un utilizzo scientificamente fondato e clinicamente appropriato di cellule staminali da sangue cordonale;

CONSIDERATO che tali problematiche sono state e sono ancora oggi oggetto di attenta analisi da parte di vari gruppi di esperti a livello internazionale;

VISTE le Ordinanze del Ministro della Salute dell'11 gennaio 2002, "Misure urgenti in materia di cellule staminali da cordone ombelicale",G.U. 6 febbraio 2002, n. 31, a cui sono seguite le successive del 30 dicembre 2002,G.U. 3 febbraio 2003, n. 27, del 25 febbraio 2004, G.U. 18 marzo 2004, n. 65, del 7 aprile 2005,G.U. 10 maggio 2005, n. 107, del 13 aprile 2006, G.U. 9 maggio

2006, n. 106;

VISTA l'Ordinanza del Ministro della Salute 4 maggio 2007 ,G.U. 14 maggio 2007, n. 110;

VISTA la legge 28 febbraio 2008, n. 31 "Conversione in legge, con modificazioni, del decreto legge 31 dicembre 2007, n. 248, recante proroga dei termini previsti da disposizioni legislative e disposizioni urgenti in materia finanziaria", in particolare l'articolo 8-bis;

VISTA l'Ordinanza del Ministro della Salute 29 aprile 2008, G.U. 20 maggio 2008, n. 117, con cui, nel recepire le disposizioni recate dal succitato articolo 8 bis, Legge 28 febbraio 2008, n. 31, era stata prorogata al 30 giugno 2008 l'efficacia dell'O.M. 4 maggio 2007;

VISTA l'Ordinanza del Ministro del Lavoro, della Salute e delle Politiche Sociali 19 giugno 2008, G.U. 30 giugno 2008, n. 151, con la quale veniva ulteriormente prorogata al 28 febbraio 2009, l'efficacia della citata O.M. 4 maggio 2007;

VISTO il Decreto Legge 30 dicembre 2008, n. 207, recante: "Proroga di termini previsti da disposizioni legislative e disposizioni finanziarie urgenti", convertito con modificazioni in legge il 24 febbraio 2009, e in particolare l'articolo 35, comma 14;

RITENUTO pertanto indispensabile, al fine di evitare soluzioni di continuità nella disciplina di che trattasi, adottare ulteriori misure,

ORDINA

Art. 1

1.

La conservazione del sangue da cordone ombelicale rappresenta un interesse primario per il Servizio Sanitario Nazionale ed è quindi consentita presso le strutture pubbliche ad essa dedicate.

2.

E' consentita la conservazione di sangue da cordone ombelicale donato per uso allogenico a fini solidaristici ai sensi dell'art. 3, comma 3, legge n. 219/2005.

3.

E' consentita la conservazione di sangue da cordone ombelicale per uso dedicato al neonato o a consanguineo con patologia in atto al momento della raccolta, per la quale risulti scientificamente fondato e clinicamente appropriato l'utilizzo di cellule staminali da sangue cordonale, previa presentazione di motivata documentazione clinico sanitaria.

4.

E' altresì consentita la conservazione di sangue da cordone ombelicale per uso dedicato nel caso di famiglie a rischio di avere figli affetti da malattie geneticamente determinate per le quali risulti scientificamente fondato e clinicamente appropriato l'utilizzo di cellule staminali da sangue cordonale, previa presentazione di motivata documentazione clinico sanitaria rilasciata da parte di un medico specialista nel relativo ambito clinico.

5.

La conservazione di sangue cordonale, per le finalità di cui ai commi 2, 3 e 4, è consentita presso le strutture trasfusionali pubbliche, nonché presso quelle individuate dall'art. 23 della legge n. 219/2005 e presso le strutture di cui all'accordo del 10 luglio 2003, autorizzate ed accreditate ai sensi delle disposizioni normative vigenti.

6.

La conservazione di sangue da cordone ombelicale di cui ai commi 3 e 4 è autorizzata dalle Regioni e Province autonome, previa richiesta dei diretti interessati, e non comporta oneri a carico dei richiedenti.

7.

Con decreto del Ministro del lavoro, della salute e delle politiche sociali, da emanarsi entro il 31 dicembre 2009, fatto salvo quanto previsto ai commi 3 e 4, viene disciplinata la conservazione di sangue da cordone ombelicale per uso autologo sulla base di indicazioni appropriate sostenute da evidenze scientifiche consolidate.

Art. 2

1.

Fatto salvo quanto disposto dall'articolo 1, comma 5, è vietata l'istituzione di banche per la conservazione di sangue da cordone ombelicale presso strutture sanitarie private anche accreditate ed ogni forma di pubblicità alle stesse connessa.

2.

Le banche per la conservazione di sangue da cordone ombelicale di cui all'articolo 1, comma 5, sono individuate ed autorizzate dalle Regioni e dalle Province autonome sulla base della normativa vigente e dei relativi piani sanitari regionali; tali banche devono operare in conformità ai requisiti previsti dal Decreto Legislativo 191/2007 e dalla normativa vigente in materia trasfusionale.

Art. 3

1.

L'autorizzazione alla esportazione di campioni di sangue da cordone ombelicale per uso autologo è rilasciata di volta in volta dalla Regione o dalla Provincia autonoma di competenza, sulla base di modalità definite con Accordo Stato Regioni.

2.

Nelle more della definizione dell'Accordo di cui al comma 1, l'autorizzazione alla

esportazione di campioni di sangue cordonale per uso autologo è rilasciata dal Ministero del lavoro, della salute e delle politiche sociali, dietro richiesta dei soggetti, diretti interessati che non ricorrendo le condizioni di cui ai commi 3 e 4, per la conservazione ad uso autologo del sangue cordonale sul territorio nazionale, previo counselling con il Centro Nazionale Trapianti, e previo accordo con la Direzione sanitaria sede del parto, decidano di conservare detti campioni a proprie spese presso banche operanti all'estero.

3.

La richiesta di esportazione deve contenere le seguenti informazioni e documentazione:

a) generalità e dati anagrafici dei genitori richiedenti;

b) paese e struttura di destinazione;

c) posto di frontiera e mezzo di trasporto;

d) data presunta del parto,

e) idonea certificazione redatta dalla Direzione sanitaria della struttura sede del ricovero, ove viene raccolto il campione, attestante:

-la negatività ai markers infettivologici dell'epatite B, C e dell'HIV, eseguiti sul siero materno nell'ultimo mese di gravidanza;

-la rispondenza del confezionamento ai requisiti previsti in materia di spedizione e trasporto di materiali biologici, nel rispetto delle normative vigenti nazionali e regionali;

f) documentazione attestante l'avvenuto counselling.

4.

La richiesta, compilata conformemente alle indicazioni di cui al modulo allegato alla presente ordinanza, di cui costituisce parte integrante, completa in ogni sua parte, deve pervenire al seguente indirizzo: Ministero del lavoro, della salute e delle politiche sociali- Direzione generale della prevenzione sanitaria -Ufficio VIII -Via Giorgio Ribotta, 5 00144 Roma, a mezzo raccomandata, in tempo utile e comunque almeno entro i tre giorni lavorativi precedenti la data di spedizione del campione di sangue cordonale.

Art. 4

1. La presente ordinanza ha vigore per un anno a partire dal 1 marzo 2009, fatte salve le eventuali disposizioni normative in materia

adottate nel suddetto intervallo temporale.

La presente ordinanza verrà trasmessa alla Corte dei Conti per la registrazione e sarà pubblicata nella Gazzetta Ufficiale della Repubblica Italiana.

Roma 26 febbraio 2009

IL MINISTRO

F.to Maurizio Sacconi

AI MINISTERO LAVORO, DELLA SALUTE

E DELLE POLITICHE SOCIALI

Direzione Generale della Prevenzione Sanitaria
Ufficio VIII
Via Giorgio Ribotta, 5
00144 ROMA

Modulo per la domanda di

AUTORIZZAZIONE ALLA ESPORTAZIONE DI CAMPIONE DI SANGUE DEL CORDONE OMBELICALE AD USO AUTOLOGO

1. Generalità e dati anagrafici dei genitori

Cognome.. nome........................
....

Luogo e data di nascita ....il ..../ ....
/...............

Residente   a   ....   in   via
....C.A.P...........

Cognome...   nome
....

Luogo e data di nascita .... il .... /...............
/..............

Residente   a   ....   in   via
....C.A.P...........

2. Data presunta del parto

Il...

3. Informazioni sul trasporto del campione di sangue cordonale

Data di spedizione...

- valico di frontiera/aeroporto ....

- mezzo di trasporto...

- paese estero di destinazione ....

- struttura sanitaria scelta per la conservazione ....

4. recapito presso il quale deve ad ogni effetto essere inviato il nulla osta ed ogni relativa comunicazione

comune...

provincia........................

via   ....C.A.P...............   tel
..............................fax ....

5. Al fine di ottenere l'autorizzazione all'esportazione del campione di sangue da cordone ombelicale (prelevato al momento della nascita del proprio figlio) per la conservazione ad uso autologo presso struttura estera, i sottoscritti genitori sotto la propria responsabilità, ai sensi

degli arti. 75 e 76 del D.P.R. 445/00 e s.m.,
d i c h i a r a n o

- che i dati sopra indicati corrispondono al vero,
- di avere preso visione **dell'Ordinanza del Ministro del Lavoro, della Salute e delle Politiche sociali del 26 febbraio 2009:**

"Disposizioni in materia di conservazione di cellule staminali da sangue del cordone ombelicale" e di averne letto e compreso i riferimenti l e g i s l a t i v i , le considerazioni e le indicazioni in materia ivi esposti, - che la presente domanda è sottoscritta al solo fine di ottenere il n u l l a osta all'esportazione del campione di sangue cordonale per la conservazione presso banche operanti all'estero.

Allegati alla presente

1) attestazione da parte del Centro Nazionale Trapianti dell'avvenuto counselling,

2) certificazione della Direzione Sanitaria della struttura, sede del parto, attestante la negatività ai markers infettivologici (HBV-HCV-HIV) e la conformità del confezionamento del campione ai requisiti previsti dalle normative vigenti nazionali e regionali.

I sottoscritti inoltre autorizzano codesto Ente, ai fini dell'espletamento della pratica, al trattamento dei propri dati personali ai
sensi del D.Lgs. n. 196 del 30 giugno 2003.

Luogo   e   data..

firma...

firma...

Bibliografia

Grazia Honegger Fresco,*Essere genitori,*L'arte di crescere

Jean Piaget, Barbel Inhelder,*La psicologia del bambino,*Piccola Biblioteca Einaudi

Freud,*Tre saggi sulla sessualità,*Tascabili economici Newton

Susan Isaacs,*Dallka nascita ai sei anni,* Giunti Barbera

Alba Marcoli,*Il bambino lasciato solo,*Mondadori

Silvia Vegetti finzi,*Volere un figlio,*Mondadori

Asha Phillips,*I no che aiutano a crescere,*Feltrinelli

Silvia Vegetti Finzi,*Il bambino della notte,*Mondadori

Silvia Vegetti Finzi,*Il romanzo della famiglia,*Mondadori

Donata Francescato,*Figli sereni di amori smarriti,*Mondadori

Donald W. Winnicott,*I bambini e le loro madri,*Raffaello Cortina Editore

Alba Marcoli,*E le mamme chi le aiuta?,*Mondadori

Massimo Ammanniti, Silvia Cimino, Cristina Trentini,*Quando le mamme non sono felici " la depressione post-partum,*Il pensiero scientifico editore

Luigia Camaioni,*L'infanzia,* Il Mulino

John Gottman,*L'intelligenza emotiva per un figlio,*Bur Saggi

Francoise Dolto,*I problemi dei bambini,*Oscar Mondadori

Rossana Cavaglieri,*Partorire in casa,*edizioni red/studio redazionale

Frederick Leboyer,*per una nascita senza violenza,* Bompiani

Luigia Camaioni,*La prima infanzia,* Il Mulino

A cura di Luigia Camaioni,*Manuale di psicologia dello sviluppo,* Il mulino

Frederick Leboyer,*Shantala" l'arte del massaggio indiano per far crescere i bambini felici",*Sonzogno

Silvia Vegetti Finzi con Anna Maria Battistin- "A piccoli passi- la psicologia dei bambini dall'attesa ai cinque anni" psicologia Oscar Mondadori.

Giovanni Bollea "Le madri non sbagliano mai"-saggi Universale Economica Feltrinelli.

Eduard Estivill – Sylvia de Bèjar, "Fate la nanna" il semplice metodo che vi insegna a risolvere per sempre l'insonnia del vostro bambino" - Mandragora

Bruno Bettelheim – "Un genitore quasi perfetto" –saggi Universale Economica Feltrinelli.

Francoise Dolto "Come allevare un bambino felice e farne un adulto maturo – prefazione Silvia Vegetti Finzi- Oscar Mondadori

Richard Templar "Le regole per i genitori"- -Avallardi.

Balaskas J., 1983, Manuale del parto attivo: gli esercizi per arrivare al parto con la sicurezza e le energie necessarie, Red.

Lamaze F., 1956, Il parto senza dolore mediante metodo psicoprofilattico,

Enciclopedia Medica Chirurgica francese.

Piscicelli U., 1991, Training Autogeno Respiratorio e psicoprofilassi ostetrica, Piccin.

Read D.G., 1944, Childbirth without fear, Harper, N.Y.

Sbriglio V.S., 1980, Psicoprofilassi autogena della maternità. Guida sinottica per le gestanti dei corsi di preparazione al parto con il "training autogeno" di J.H. Shultz, Cortina, Torino.

Jacqueline Dana e Sylvie Marion "Avere un figlio " nove mesi di vita della coppia- Feltrinelli

Donald W. Winnicott "colloqui con i genitori "- Raffaello Cortina Editore.

"Il vasino di Andrea",Francesca Allen e Felicity Brooks, illustrazioni di Rachel Wells, Usborne.

"I senza parole" Emanuela Nava (storia), Desideria Guicciardini (illustrazioni),edizioni Lapis

"Le cacche del coniglio Pittau", Gervais, Editore il Castoro

Siti internet:

www.mamma.it

http://quimamme.leiweb.it

gravidanza.doctissimo.it

www.pianetamamma.it/

www.mammaepapa.it

www.gravidanzaonline.it

www.vitadidonna.it

www.noimamme.it

www.ilmiobaby.com

www.partoinacqua.it/

www.epidurale.it

www.inps.it

www.pariopportunita.gov.it

www.istitutodeglinnocenti.it

www.aice-epilessia.it

www.sindrome-down.it

www.sindromedidown.it

www.fiagop.it

www.preeclampsia.it

www.guidagenitori.it

www.genitori.it

www.telefonoarcobaleno.org

www.gemelli.iss.it/indexHome.asp

www.forumfamiglie.org

www.genitoridemocratici.it

www.minori.it

www.ispitalia.org

www.osservatorionazionalefamiglie.it

www.ministerosalute.it

www.azzurro.it

www.114.it/114/homebf57.html

www.dica33.it

www.asmonlus.it

www.adisco.it

www.pianetamamma.it

www.alfemminile.com

www.mammaepapa.it

www.lostetricainforma.it/article23

www.ingramcontent.com/pod-product-compliance
Lightning Source LLC
Chambersburg PA
CBHW081203280526
45793CB00004B/705